EL CLIENTE SATISFECHO:

El Secreto del Éxito en la Era Moderna

DANTE DARDÓN

DEDICATORIA

Este libro está dedicado a la memoria de mi madre, quien siempre me apoyó en todo lo que hice y fue una gran inspiración para mí. Ella fue una persona maravillosa, llena de amor, sabiduría y paciencia, y siempre estuvo allí para mí en los buenos y en los malos momentos.

Aunque ya no está físicamente conmigo, su espíritu siempre me guía y me da fuerzas para seguir adelante. Agradezco a la vida por haberme dado la oportunidad de tenerla como madre, mentora y amiga, y espero que este libro honre su memoria y sea una muestra de mi amor y gratitud hacia ella.

Mamá, siempre estarás en mi corazón y en mi mente, y siempre te llevaré conmigo a donde quiera que vaya. Gracias por todo lo que hiciste por mí y por ser una fuente constante de amor y apoyo. Te quiero y te extraño mucho.

CONTENIDO

AGRADECIMIENTOS

Quiero aprovechar esta oportunidad para agradecer a todas las personas que han sido una parte importante en la creación de este libro. En primer lugar, quiero agradecer a mi pareja actual, quien ha sido una fuente constante de apoyo, amor y motivación. Gracias por creer en mí y por alentarme en cada paso del camino.

También quiero agradecer a mi padre, quien siempre me ha apoyado en todo lo que hago. Tus palabras de aliento, tus consejos y tu presencia en mi vida han sido invaluables para mí.
A mis hermanas, gracias por estar siempre presentes en mi vida, por sus consejos y por ser mi fuente de motivación en los momentos difíciles.

Por último, quiero agradecer a mis hijos, quienes son mi mayor inspiración y motivación en la vida. Gracias por enseñarme el valor de la paciencia, la perseverancia y el amor incondicional. Sin el apoyo de estas personas, este libro no habría sido posible. Estoy agradecido por su presencia en mi vida y por todo lo que han hecho por mí. Gracias de corazón.

CAPÍTULO 1: INTRODUCCIÓN AL COMERCIO ELECTRÓNICO

La revolución de la experiencia del cliente está sobre nosotros. En el pasado, las empresas se enfocaban únicamente en proporcionar buenos productos y servicios. Sin embargo, en el mercado competitivo actual, eso ya no es suficiente. Los clientes ahora esperan más que solo un buen producto o servicio. Quieren una experiencia excelente que los haga sentir valorados y apreciados.

Una experiencia del cliente excepcional, también conocida como CX (Customer Experience), va más allá de la simple transacción comercial. Se trata de crear un vínculo emocional con cada cliente, comprendiendo sus necesidades y deseos individuales. En este capítulo, exploraremos las claves para ofrecer una experiencia personalizada, relevante y atractiva que dejará una impresión duradera en los clientes.

Para lograr una experiencia del cliente excepcional, es fundamental comprender a fondo a nuestros clientes. Esto implica utilizar técnicas de investigación como encuestas, análisis de datos y observación directa para obtener información valiosa sobre sus preferencias, comportamientos y expectativas. Por ejemplo, una tienda minorista puede utilizar datos de compra pasados para recomendar productos relevantes y personalizados a cada cliente.

Además, es esencial establecer una comunicación efectiva con los clientes en cada etapa de su recorrido. Esto implica brindar información clara y precisa sobre los productos o servicios, así como ofrecer múltiples canales de comunicación para que los clientes puedan contactarnos de la manera que prefieran. Un chat en vivo, redes sociales o correo electrónico son solo algunas de las opciones disponibles.

La personalización es otro aspecto clave de una experiencia del cliente excepcional. Al utilizar los datos recopilados, podemos adaptar nuestras interacciones con los clientes para que se sientan valorados y comprendidos. Por ejemplo, un hotel puede ofrecer servicios adicionales basados en las preferencias individuales de los huéspedes, como una habitación con vistas al mar o recomendaciones personalizadas de restaurantes cercanos.

Asimismo, una experiencia del cliente excepcional implica superar las expectativas. Esto puede lograrse sorprendiendo a los clientes con pequeños gestos que demuestren nuestro compromiso y atención. Un ejemplo podría ser ofrecer un obsequio inesperado o proporcionar un servicio adicional de forma gratuita.

Para ilustrar estas ideas, veamos un ejemplo de una empresa que ha logrado una experiencia del cliente excepcional: Amazon. La compañía utiliza datos y algoritmos sofisticados para ofrecer recomendaciones de productos altamente personalizadas. Además, su proceso de compra es simple y eficiente, con opciones de envío rápido y servicio al cliente disponible las 24 horas del día. Estas prácticas han contribuido al éxito de Amazon y a su reputación como líder en la experiencia del cliente.

Existen muchos factores que contribuyen a una excelente experiencia del cliente. Uno de ellos es tener una comprensión clara de los clientes. Las empresas necesitan entender a fondo sus necesidades, deseos y expectativas. Esto implica recolectar y analizar datos de los clientes, como sus preferencias de compra, historial de interacciones y retroalimentación. Con esta información, las empresas pueden personalizar la experiencia del cliente, ofreciendo recomendaciones, promociones y servicios específicos que sean relevantes para cada individuo.

Otro factor clave es el servicio al cliente. La calidad del servicio que una empresa proporciona puede marcar una gran diferencia en la experiencia del cliente. Los clientes valoran la atención rápida, amigable y eficiente. Un buen servicio al cliente implica estar disponible en múltiples canales de comunicación, resolver problemas de manera proactiva y tratar a los clientes con empatía y respeto. Incluso cuando surgen problemas, una respuesta rápida y efectiva puede convertir una situación negativa en una oportunidad para impresionar al cliente.

La tecnología juega un papel crucial en la mejora de la experiencia del cliente en el servicio. En la era digital en la que vivimos, las empresas tienen a su disposición diversas herramientas tecnológicas que les permiten personalizar aún más la interacción con sus clientes. Estas tecnologías no solo facilitan la comunicación, sino que también ofrecen nuevas oportunidades para comprender mejor las necesidades y preferencias de cada cliente.

Uno de los ejemplos más destacados es el uso de sistemas de gestión de relaciones con los clientes, conocidos como CRM. Estas plataformas permiten a las empresas almacenar y acceder a información detallada sobre cada cliente. Desde datos de contacto y historial de compras hasta preferencias y hábitos de consumo, el CRM se convierte en una fuente valiosa de conocimiento sobre los clientes. Esta información puede utilizarse para personalizar las comunicaciones y ofertas, lo que crea una experiencia más relevante y atractiva para cada individuo.

Además, la inteligencia artificial y el aprendizaje automático han revolucionado la forma en que las empresas pueden comprender y anticipar las necesidades de sus clientes. Estas tecnologías pueden analizar grandes cantidades de datos y encontrar patrones ocultos que revelan preferencias, tendencias y comportamientos de compra. Con esta información, las empresas pueden ofrecer recomendaciones precisas y personalizadas a sus clientes, anticipándose a sus necesidades y proporcionando soluciones que se ajusten a sus deseos individuales.

Un ejemplo concreto es el uso de chatbots impulsados por inteligencia artificial. Estos sistemas pueden interactuar con los clientes de manera autónoma y responder a sus consultas y preguntas más frecuentes. Los chatbots brindan una atención inmediata y personalizada, sin importar la hora del día o la cantidad de solicitudes recibidas.

Esto mejora la experiencia del cliente al proporcionar respuestas rápidas y precisas, al tiempo que alivia la carga de los equipos de atención al cliente.

Otra tecnología que ha ganado popularidad es el análisis de sentimientos. Utilizando algoritmos avanzados, esta herramienta puede analizar el tono emocional de las interacciones con los clientes, ya sea a través de llamadas telefónicas, correos electrónicos o redes sociales. Esto permite a las empresas identificar y abordar de manera proactiva cualquier problema o insatisfacción del cliente, brindando soluciones rápidas y efectivas.

En la era digital en la que vivimos, muchas personas valoran tener el control y resolver sus problemas por sí mismas. Es por eso que las empresas han comenzado a implementar opciones de autoservicio que permiten a los clientes acceder a información, realizar transacciones y recibir asistencia sin la necesidad de interactuar directamente con un representante de servicio al cliente.

Un ejemplo de esto son las aplicaciones móviles, que brindan a los clientes la posibilidad de acceder a servicios y realizar compras desde la comodidad de sus dispositivos móviles. Con solo unos pocos toques en la pantalla, los clientes pueden explorar productos, realizar pagos y realizar un seguimiento de sus pedidos de manera rápida y conveniente.

Otra opción de autoservicio es el uso de plataformas en línea. Estas plataformas permiten a los clientes acceder a información detallada sobre productos y servicios, comparar opciones y realizar compras sin la necesidad de interactuar directamente con un representante de la empresa.

Esta flexibilidad y conveniencia son especialmente atractivas para aquellos clientes que prefieren investigar y tomar decisiones por sí mismos.

Además, los chatbots se han convertido en una herramienta cada vez más popular en el servicio al cliente. Estos sistemas de inteligencia artificial pueden interactuar con los clientes de manera autónoma, responder preguntas frecuentes y brindar asistencia básica. Los chatbots están disponibles las 24 horas del día, los 7 días de la semana, lo que significa que los clientes pueden recibir respuestas inmediatas sin tener que esperar a hablar con un representante de servicio al cliente. Esto mejora la eficiencia y la satisfacción del cliente al brindarles respuestas rápidas y precisas.

Al implementar opciones de autoservicio, las empresas no solo mejoran la experiencia del cliente, sino que también se benefician de una mayor eficiencia operativa. Al permitir que los clientes resuelvan sus propios problemas y realicen transacciones por sí mismos, las empresas pueden reducir la carga de trabajo de sus equipos de servicio al cliente y asignar recursos a otras áreas importantes.

Además de estos aspectos, una cultura de mejora continua es esencial para brindar una experiencia del cliente excepcional. Las empresas deben estar comprometidas en la búsqueda constante de oportunidades para mejorar y superar las expectativas de sus clientes. Esto implica escuchar activamente la retroalimentación de los clientes, realizar encuestas, medir métricas de satisfacción y estar dispuestos a adaptarse y evolucionar según las necesidades cambiantes del mercado y los clientes.

La revolución de la experiencia del cliente no es simplemente una moda pasajera, es un cambio profundo en la forma en que las empresas interactúan con sus clientes. Anteriormente, el enfoque se centraba únicamente en la venta de productos o servicios, pero ahora se ha vuelto crucial brindar una experiencia excepcional para establecer una relación duradera con los clientes.

Imaginemos el siguiente ejemplo: una persona entra a una tienda buscando un artículo específico. En una empresa tradicional, el personal simplemente le mostraría el producto, proporcionaría información básica y completaría la venta. Sin embargo, en una empresa que prioriza la experiencia del cliente, el enfoque es completamente diferente.

En este nuevo enfoque centrado en el cliente, el personal se toma el tiempo para comprender las necesidades y preferencias individuales del cliente. Pueden hacer preguntas relevantes para ofrecer recomendaciones personalizadas, brindar información adicional y demostrar un genuino interés en ayudar al cliente a tomar la mejor decisión. Además, después de la compra, la empresa puede seguir en contacto con el cliente para asegurarse de que está satisfecho con su compra y ofrecer asistencia adicional si es necesario.

Otro ejemplo de la importancia de la experiencia del cliente se encuentra en el ámbito de la atención al cliente. En el pasado, los clientes tenían que enfrentarse a largas esperas telefónicas y trámites complicados para resolver problemas o hacer consultas. Sin embargo, en la actualidad, las empresas han implementado estrategias para agilizar y mejorar este proceso.

Por ejemplo, muchas empresas ahora ofrecen canales de atención al cliente adicionales, como el chat en línea o las redes sociales, para brindar respuestas rápidas y accesibles. Además, algunas empresas han utilizado inteligencia artificial y chatbots para ofrecer asistencia instantánea y resolver problemas básicos de manera eficiente. Estas técnicas agilizadas y accesibles mejoran la experiencia del cliente al proporcionar respuestas rápidas y eficaces.

La Era de la Experiencia demanda que las empresas vayan más allá de simplemente ofrecer buenos productos y servicios. Requiere una comprensión profunda de los clientes, una atención excepcional al servicio al cliente, la aplicación de tecnología inteligente y un compromiso constante con la mejora. Aquellas empresas que se centren en proporcionar una experiencia del cliente excepcional estarán en una posición privilegiada para destacarse en un mercado altamente competitivo y en constante evolución.

CAPÍTULO 2: LOS PILARES DE LA EXPERIENCIA DEL CLIENTE

Una excelente experiencia del cliente se construye sobre una base de pilares sólidos. Estos pilares incluyen:

Confiabilidad

Cuando hablamos de confiabilidad, nos referimos a la capacidad de las empresas para cumplir con las expectativas y promesas que han establecido con sus clientes. Los clientes depositan su confianza en una empresa cuando deciden adquirir sus productos o servicios, y esperan recibir lo que se les ha prometido de manera consistente y sin contratiempos.
Un ejemplo claro de confiabilidad se puede observar en el cumplimiento de las entregas.

Supongamos que una empresa de comercio electrónico promete entregar un producto dentro de un plazo determinado. Para cumplir con esta promesa, la empresa debe garantizar que el producto sea enviado y entregado puntualmente, sin retrasos innecesarios. Esto implica una coordinación efectiva con proveedores de logística y una gestión eficiente de los inventarios para asegurar que el producto esté disponible cuando se requiera.

La confiabilidad también se relaciona con la calidad de los productos o servicios ofrecidos. Los clientes esperan que los productos que adquieren cumplan con los estándares de calidad establecidos.

Por ejemplo, si una empresa promociona un producto como resistente al agua, los clientes confían en que el producto efectivamente cumplirá con esta característica. Si el producto no cumple con lo prometido, la confianza del cliente se verá afectada y es probable que busquen otras alternativas.
Otra área en la que la confiabilidad es clave es en la atención al cliente. Los clientes esperan recibir un servicio de calidad, en el que sus consultas, problemas o reclamos sean abordados de manera efectiva y oportuna.

Una empresa confiable se asegurará de contar con un equipo de servicio al cliente capacitado y disponible para resolver cualquier inconveniente que pueda surgir. Además, es importante que las empresas brinden canales de comunicación accesibles y claros, para que los clientes puedan expresar sus inquietudes y recibir respuestas confiables de manera rápida y satisfactoria.

La confiabilidad es fundamental en la relación entre las empresas y sus clientes. Los clientes esperan que las empresas cumplan con sus promesas de manera consistente, ya sea en términos de calidad, plazos de entrega o atención al cliente. Al ser confiables, las empresas generan confianza en sus clientes, fortalecen la relación y fomentan la lealtad. Es crucial para las empresas desarrollar y mantener altos niveles de confiabilidad en todas sus interacciones con los clientes, para garantizar una experiencia satisfactoria y duradera.

Capacidad de respuesta:

Cuando hablamos de capacidad de respuesta, nos referimos a la prontitud y eficiencia con la que las empresas atienden las consultas y solicitudes de los clientes. Los clientes valoran enormemente la rapidez con la que sus preguntas son respondidas y sus problemas son resueltos, ya que esto demuestra un compromiso genuino por parte de la empresa en brindar un excelente servicio al cliente.

Un ejemplo claro de capacidad de respuesta se puede observar en el ámbito de las llamadas telefónicas. Supongamos que un cliente llama a una empresa para realizar una consulta o plantear un problema. Una empresa con una alta capacidad de respuesta asegurará que el tiempo de espera sea mínimo y que el cliente sea atendido por un representante capacitado y amable. Además, la empresa se esforzará por resolver la consulta o el problema de manera eficiente, proporcionando soluciones claras y adecuadas.

La capacidad de respuesta también se extiende a otros canales de comunicación, como los correos electrónicos y los chats en línea. Un ejemplo de mejora en la capacidad de respuesta en estos casos es implementar un sistema de gestión de tickets, que permite a la empresa organizar y dar seguimiento a las consultas y solicitudes de manera sistemática. De esta manera, se evitan respuestas tardías o que se pierdan entre múltiples correos o mensajes, lo que resulta en una atención más eficiente y satisfactoria para el cliente.

Además de la rapidez, es importante que las respuestas sean claras y efectivas. Los clientes valoran la capacidad de recibir información precisa y útil, que les permita resolver sus inquietudes o problemas de manera satisfactoria. Las empresas pueden mejorar su capacidad de respuesta proporcionando respuestas personalizadas y adaptadas a las necesidades específicas de cada cliente, evitando respuestas genéricas o evasivas.

Existen técnicas y herramientas que las empresas pueden utilizar para mejorar su capacidad de respuesta. Por ejemplo, la automatización de respuestas frecuentes o la implementación de chatbots pueden ayudar a proporcionar respuestas inmediatas a consultas comunes, liberando así tiempo para que los representantes de servicio al cliente se enfoquen en consultas más complejas y personalizadas.

La capacidad de respuesta es esencial en el servicio al cliente. Los clientes valoran la rapidez y eficiencia con la que sus consultas son atendidas y sus problemas son resueltos. Al mejorar la capacidad de respuesta, las empresas demuestran su compromiso con la satisfacción del cliente y fortalecen la relación con ellos. Es crucial para las empresas desarrollar estrategias y utilizar herramientas que les permitan mejorar su capacidad de respuesta, brindando así un servicio excepcional y generando confianza y fidelidad en sus clientes.

Empatía:

La empatía es la capacidad de comprender y compartir los sentimientos y experiencias de otra persona. En el contexto del servicio al cliente, la empatía implica que las empresas deben esforzarse por comprender y responder a las necesidades y preocupaciones individuales de los clientes de manera auténtica y compasiva.

Un ejemplo concreto de empatía se puede observar en la forma en que los empleados de una empresa interactúan con los clientes durante un proceso de queja o reclamo. En lugar de simplemente seguir un protocolo establecido, un empleado empático se tomará el tiempo para escuchar activamente las preocupaciones del cliente, mostrar comprensión y validar sus sentimientos. En lugar de pasar por alto o minimizar el problema, buscará soluciones personalizadas que satisfagan las necesidades específicas del cliente.

La empatía también se refleja en la comunicación y el lenguaje utilizado por las empresas. Un empleado empático evitará respuestas automáticas y genéricas, en su lugar, utilizará un lenguaje cálido, amable y comprensivo. Por ejemplo, en lugar de decir: "Lamentamos los inconvenientes", un empleado empático podría expresar: "Entiendo lo frustrante que debe ser esta situación y estoy aquí para ayudarte a encontrar una solución".
Además, la empatía se extiende más allá de las interacciones directas con los clientes. Las empresas pueden demostrar empatía al anticipar las necesidades y preocupaciones de sus clientes y tomar medidas proactivas para abordarlas. Por ejemplo, una empresa de servicios de suscripción podría enviar recordatorios útiles o brindar asistencia adicional antes de la fecha de vencimiento de un pago, demostrando así su comprensión de las situaciones individuales de los clientes y su disposición a ayudar.

Existen técnicas y estrategias que las empresas pueden utilizar para cultivar la empatía en sus empleados y en toda la organización.

Algunas de estas técnicas incluyen la capacitación en habilidades de comunicación efectiva, el fomento de una cultura organizacional centrada en el cliente y la promoción de la empatía como un valor fundamental en el servicio al cliente.
La empatía es esencial en el servicio al cliente.

Los clientes desean sentirse comprendidos y valorados por las empresas. Al cultivar y demostrar empatía en todas las interacciones con los clientes, las empresas pueden fortalecer la conexión emocional con ellos, generar confianza y lealtad, y brindar una experiencia excepcional. La empatía es una habilidad que se puede aprender y desarrollar, y es fundamental para satisfacer las necesidades y expectativas de los clientes en el servicio al cliente.

Personalización:

La personalización es clave para satisfacer las expectativas de los clientes y crear un vínculo más fuerte con ellos. Los clientes desean sentirse valorados y únicos, y esperan que las empresas les ofrezcan productos, servicios y comunicaciones que se adapten a sus preferencias y necesidades específicas.
Un ejemplo de personalización se puede ver en el ámbito del comercio electrónico.

Muchas empresas utilizan algoritmos y sistemas de recomendación para ofrecer productos relacionados o sugerencias basadas en las compras anteriores de un cliente. Por ejemplo, si un cliente ha comprado una cámara digital, es probable que se le sugieran accesorios complementarios, como un trípode o una funda protectora.

Esta personalización no solo facilita la experiencia de compra, sino que también muestra al cliente que la empresa comprende sus intereses y necesidades individuales.

Además, las empresas pueden utilizar la personalización en la comunicación con los clientes. En lugar de enviar mensajes genéricos, pueden utilizar el nombre del cliente y referirse a compras o interacciones anteriores para crear una sensación de familiaridad y cercanía. Por ejemplo, en lugar de un simple correo electrónico de agradecimiento, una empresa podría enviar un mensaje personalizado que diga: "¡Hola, Juan! Gracias por tu reciente compra de nuestro producto X. Esperamos que lo disfrutes y, si tienes alguna pregunta, no dudes en contactarnos".

Para lograr una personalización efectiva, las empresas deben recopilar y analizar datos relevantes de los clientes. Esto puede incluir información demográfica, historial de compras, preferencias de productos, comportamiento de navegación y más. Al utilizar herramientas tecnológicas como los sistemas de gestión de relaciones con los clientes (CRM), las empresas pueden almacenar y acceder a esta información de manera organizada y utilizarla para ofrecer una experiencia más personalizada.

Es importante destacar que la personalización debe ser realizada de manera ética y respetando la privacidad de los clientes. Las empresas deben obtener el consentimiento de los clientes para recopilar y utilizar sus datos, y deben garantizar la seguridad de la información almacenada.

La personalización es un aspecto crucial en el servicio al cliente. Los clientes valoran las experiencias que se adaptan a sus necesidades y preferencias individuales. Al utilizar técnicas y herramientas de personalización, las empresas pueden fortalecer la conexión con los clientes, mejorar la satisfacción y fomentar la fidelidad. La personalización no solo implica utilizar datos y tecnología, sino también demostrar un genuino interés por comprender y atender las necesidades únicas de cada cliente.

Autenticidad:

La autenticidad es clave para establecer la confianza y el vínculo emocional con los clientes. Los clientes desean sentir que están tratando con personas reales, y no con respuestas automatizadas o impersonales. Quieren saber que la empresa se preocupa por ellos y está dispuesta a escuchar y entender sus necesidades.

Un ejemplo de autenticidad se puede observar en las interacciones de servicio al cliente. En lugar de proporcionar respuestas automatizadas y genéricas, las empresas pueden capacitar a sus empleados para que brinden respuestas personalizadas y genuinas.

Por ejemplo, en lugar de simplemente repetir un guion, un representante de servicio al cliente puede tomar el tiempo para escuchar activamente al cliente, mostrar empatía y ofrecer soluciones adaptadas a su situación específica.
Además, la autenticidad también se refleja en la comunicación de la empresa en general. Las empresas pueden utilizar un tono de voz auténtico y humano en sus comunicaciones escritas, como correos electrónicos, publicaciones en redes sociales o material promocional. Evitar el lenguaje corporativo y utilizar un estilo más conversacional puede ayudar a establecer una conexión más cercana con los clientes.

La autenticidad también implica admitir errores y corregirlos de manera adecuada. Si una empresa comete un error en la entrega de un producto o en la prestación de un servicio, es importante reconocerlo, disculparse y tomar medidas para remediar la situación. Los clientes valoran la honestidad y la transparencia, y aprecian que una empresa se responsabilice de sus errores.
Para cultivar la autenticidad en el servicio al cliente, las empresas deben fomentar una cultura interna basada en valores sólidos. Esto implica capacitar y empoderar a los empleados para que sean ellos mismos y brinden un servicio genuino. También implica establecer políticas y procedimientos que respalden la honestidad y la transparencia en las interacciones con los clientes.

En resumen, la autenticidad desempeña un papel fundamental en el servicio al cliente. Los clientes desean interactuar con personas reales y esperan respuestas auténticas y genuinas. Al cultivar la autenticidad en las interacciones y comunicaciones con los clientes, las empresas pueden fortalecer la confianza, establecer conexiones emocionales y fomentar relaciones duraderas.

La autenticidad no solo se trata de la identidad de la empresa, sino también de la honestidad, la transparencia y la voluntad de admitir errores y aprender de ellos.

Estos son solo algunos de los pilares de una excelente experiencia del cliente. Las empresas que pueden construir una base sólida sobre estos pilares estarán bien encaminadas para proporcionar una gran experiencia del cliente a sus clientes.

Además de estos pilares, hay otros elementos clave que también son fundamentales para una experiencia del cliente excepcional:

•Consistencia: La consistencia es un factor clave que los clientes valoran en su experiencia con una empresa. Esto implica que esperan recibir un nivel de servicio y calidad constante en cada interacción. Veamos cómo esto se aplica en el caso de una empresa de comercio electrónico exitosa.

Imaginemos que un cliente realiza un pedido en línea y espera recibir sus productos dentro del plazo prometido. Una empresa consistente se asegurará de cumplir con esta expectativa en cada pedido. Para lograrlo, la empresa establecerá procesos eficientes y coordinados desde el momento en que se realiza el pedido hasta su entrega final.

Por ejemplo, la empresa trabajará en estrecha colaboración con sus socios de envío para garantizar que los productos sean recogidos y entregados puntualmente. También implementará medidas de control de calidad para asegurarse de que los productos estén en condiciones óptimas antes de ser enviados.

Además, la empresa se comunicará de manera clara y transparente con el cliente a lo largo del proceso de entrega. Enviará actualizaciones sobre el estado del pedido, como confirmaciones de envío y números de seguimiento, para que el cliente esté informado en todo momento.

La consistencia en el cumplimiento de los plazos de entrega y la calidad de los productos genera confianza en los clientes. Saben que pueden confiar en la empresa para recibir sus pedidos a tiempo y en perfectas condiciones. Esta confianza se fortalece aún más si la empresa se esfuerza por mantener altos estándares en cada interacción, asegurándose de que la experiencia del cliente sea consistente en todas las etapas.

La consistencia es esencial para brindar una experiencia del cliente excepcional en el comercio electrónico. Cumplir con los plazos de entrega y mantener altos estándares de calidad en cada pedido genera confianza y establece expectativas claras para los clientes. Al ofrecer una experiencia consistente, las empresas pueden ganarse la lealtad de sus clientes y diferenciarse de la competencia en el mercado.

1. Comunicación efectiva: La comunicación efectiva es un elemento fundamental para brindar una gran experiencia del cliente. Una empresa exitosa debe esforzarse por asegurar que su comunicación sea clara, comprensible y sin ambigüedades. Veamos por qué esto es tan importante.

En primer lugar, es esencial que las empresas utilicen un lenguaje claro al comunicarse con sus clientes. Esto implica evitar jergas técnicas o términos complicados que puedan confundir o alienar al cliente. En su lugar, se deben utilizar palabras sencillas y directas que sean fácilmente comprensibles para todos.

Además, la comunicación debe ser bidireccional, lo que significa que los clientes deben tener la posibilidad de expresar sus inquietudes, dar retroalimentación y recibir respuestas claras y oportunas. Las empresas deben fomentar un ambiente en el que los clientes se sientan cómodos compartiendo sus opiniones y brindando comentarios sobre su experiencia.

Un ejemplo de comunicación efectiva es cuando un cliente se comunica con el servicio de atención al cliente de una empresa para plantear una consulta o problema. En lugar de recibir respuestas vagas o evasivas, el cliente debería recibir una respuesta clara y concisa que aborde su inquietud de manera directa.

Asimismo, es importante que las empresas utilicen diferentes canales de comunicación para adaptarse a las preferencias de sus clientes.

Esto puede incluir el uso de llamadas telefónicas, correos electrónicos, chats en línea o incluso redes sociales. Al ofrecer múltiples opciones de comunicación, las empresas demuestran su disposición para adaptarse a las necesidades individuales de cada cliente.

La comunicación efectiva es esencial para brindar una gran experiencia del cliente. Las empresas deben utilizar un lenguaje claro y comprensible, permitir la comunicación bidireccional y utilizar diferentes canales de comunicación. Al hacerlo, pueden establecer una relación sólida y satisfactoria con sus clientes, fomentando la confianza y la lealtad a largo plazo.

• Innovación: La innovación desempeña un papel crucial en la creación de una experiencia excepcional para el cliente. Las empresas que desean sobresalir deben estar dispuestas a innovar y adoptar nuevas tecnologías y enfoques para satisfacer las necesidades y superar las expectativas de sus clientes. Veamos por qué la innovación es tan importante.

La innovación permite a las empresas encontrar nuevas formas de brindar valor a sus clientes. Al adoptar tecnologías avanzadas, como la inteligencia artificial, la realidad virtual o los chatbots, las empresas pueden ofrecer experiencias únicas y sorprendentes. Por ejemplo, una empresa de comercio electrónico puede utilizar la realidad virtual para permitir que los clientes "prueben" virtualmente los productos antes de realizar una compra, brindando una experiencia más inmersiva y segura.

Además, la innovación puede ayudar a las empresas a agilizar y mejorar la interacción con el cliente. Por ejemplo, la implementación de chatbots inteligentes puede permitir respuestas rápidas y precisas a las consultas de los clientes, sin necesidad de esperar en la línea telefónica. Esto mejora la eficiencia y la satisfacción del cliente al brindar respuestas instantáneas a sus preguntas.
La adopción de nuevas tecnologías también puede proporcionar a las empresas una ventaja competitiva en el mercado. Aquellas empresas que se mantienen actualizadas con las últimas innovaciones tienen

más posibilidades de destacarse frente a la competencia y atraer a nuevos clientes. Por ejemplo, una empresa de servicios de transporte que implementa una aplicación móvil fácil de usar y ofrece opciones de pago digital puede diferenciarse de otras empresas similares y ganarse la preferencia de los clientes.

Es importante destacar que la innovación no se limita solo a las tecnologías. También puede incluir nuevos enfoques o estrategias en la forma en que se brinda el servicio al cliente. Por ejemplo, una empresa de alimentos puede innovar en su proceso de entrega, ofreciendo opciones de entrega rápida y fresca para garantizar que los productos lleguen en perfectas condiciones a sus clientes.

La innovación es clave para brindar una experiencia del cliente excepcional. Al adoptar nuevas tecnologías y enfoques, las empresas pueden superar las expectativas de los clientes y ofrecer experiencias únicas y sorprendentes. La innovación no solo mejora la interacción con el cliente, sino que también proporciona una ventaja competitiva en el mercado. Al estar dispuestas a innovar, las empresas demuestran su compromiso con la excelencia en el servicio al cliente y su disposición para adaptarse a las necesidades en constante evolución de sus clientes.

• Cultura centrada en el cliente: Una cultura empresarial centrada en el cliente es un elemento fundamental para brindar una experiencia excepcional a los clientes. Esto implica que todos los miembros de la organización, desde la alta dirección hasta el personal de primera línea, estén comprometidos con la satisfacción y el bienestar de los clientes. Veamos por qué una cultura centrada en el cliente es tan crucial.

En una cultura centrada en el cliente, cada empleado comprende la importancia de su rol en la experiencia del cliente. Desde el CEO hasta el personal de atención al cliente, todos trabajan en conjunto para satisfacer las necesidades y expectativas de los clientes. Por ejemplo, en un hotel con una cultura centrada en el cliente, el personal de limpieza se asegurará de que las habitaciones estén impecables y cómodas, mientras que el personal de recepción brindará una cálida bienvenida y estará dispuesto a ayudar en todo momento.

Para fomentar una cultura centrada en el cliente, las empresas deben proporcionar capacitación y recursos a sus empleados. Esto incluye brindarles las habilidades necesarias para interactuar de manera efectiva con los clientes, resolver problemas y anticiparse a sus necesidades. Además, se pueden establecer programas de reconocimiento y recompensas para aquellos empleados que demuestren un compromiso excepcional con la satisfacción del cliente.

Una cultura centrada en el cliente también implica la adopción de una mentalidad de mejora continua. Las empresas deben estar dispuestas a escuchar el feedback de los clientes y utilizarlo para realizar mejoras en sus productos, servicios y procesos. Además, deben ser proactivas en la identificación de nuevas oportunidades para satisfacer las necesidades cambiantes de los clientes y superar sus expectativas.

Al tener una cultura centrada en el cliente, las empresas pueden construir relaciones sólidas y duraderas con sus clientes. Esto genera confianza, fidelidad y recomendaciones positivas. Los clientes se sienten valorados y apreciados, lo que fortalece su conexión emocional con la empresa.

Una cultura empresarial centrada en el cliente es esencial para brindar una gran experiencia al cliente. Implica que todos los empleados estén comprometidos con la satisfacción y el bienestar de los clientes, y se fomenta a través de la capacitación, los recursos y una mentalidad de mejora continua. Al tener una cultura centrada en el cliente, las empresas pueden construir relaciones sólidas, ganar la lealtad de los clientes y diferenciarse en el mercado competitivo.

Una excelente experiencia del cliente se construye sobre una base de pilares sólidos que incluyen confiabilidad, capacidad de respuesta, empatía, personalización y autenticidad. Estos pilares, junto con otros elementos clave como la consistencia, la comunicación efectiva, la innovación y una cultura centrada en el cliente, permiten a las empresas brindar experiencias memorables y diferenciarse en un mercado altamente competitivo.

CAPÍTULO 3: CÓMO CREAR UNA EXCEPCIONAL EXPERIENCIA DEL CLIENTE

En el mercado competitivo actual, las empresas se encuentran con el desafío de diferenciarse y destacarse para captar la atención y la lealtad de sus clientes. Una forma efectiva de lograrlo es a través de la creación de una Experiencia del Cliente (CX) excepcional.

La CX abarca todas las interacciones y percepciones que un cliente tiene con una empresa a lo largo de su recorrido, desde el primer contacto hasta el servicio postventa. Para alcanzar una CX excepcional, es necesario comprender a fondo las necesidades y deseos de los clientes, y diseñar estrategias que superen sus expectativas.

Para comenzar, es fundamental realizar una investigación exhaustiva sobre los clientes y su comportamiento. Esto implica recopilar datos relevantes, realizar encuestas, entrevistas y análisis de mercado para comprender qué es lo que los clientes valoran, qué problemas enfrentan y qué experiencias desean tener. Esta información proporcionará una base sólida para diseñar estrategias centradas en el cliente.

Una vez que se han recopilado los datos, es hora de utilizarlos para diseñar una estrategia de CX efectiva. Esto implica identificar los puntos de contacto clave entre la empresa y el cliente y asegurarse de que cada uno de ellos sea una oportunidad para generar una experiencia positiva. Por ejemplo, una tienda minorista puede enfocarse en mejorar la experiencia en el punto de venta, brindando un ambiente acogedor, personal amable y capacitado, y un proceso de pago rápido y conveniente.

Además, es importante utilizar la tecnología de manera estratégica para mejorar la CX. Las herramientas como los sistemas de gestión de relaciones con el cliente (CRM), el análisis de datos y las plataformas de automatización pueden ayudar a recopilar información sobre los clientes, personalizar las interacciones y anticipar sus necesidades. Por ejemplo, una empresa de comercio electrónico puede utilizar un sistema de recomendación basado en el historial de compras del cliente para ofrecer productos relevantes y personalizados.

Otro aspecto clave para lograr una CX excepcional es la capacitación y el compromiso de los empleados. Todos los miembros de la organización deben comprender la importancia de su rol en la experiencia del cliente y estar comprometidos con brindar un servicio de calidad. Esto implica capacitar al personal en habilidades de comunicación efectiva, empatía y resolución de problemas, para que puedan interactuar de manera positiva y satisfacer las necesidades de los clientes.

Existen muchas formas de crear una CX excepcional, y en este capítulo exploraremos una serie de consejos y prácticas para lograrlo. A continuación, detallaré cada uno de ellos en profundidad:

- Empieza por el cliente: Colocar al cliente en el centro de todo lo que haces es fundamental para lograr una Experiencia del Cliente (CX) excepcional. Para comprender verdaderamente sus necesidades y deseos, es necesario recopilar datos de los clientes, realizar encuestas y escuchar atentamente sus comentarios. Esto te permitirá obtener información valiosa sobre sus preferencias, expectativas y puntos de dolor.

Además, es importante segmentar a los clientes para poder personalizar las experiencias según sus preferencias individuales. Al dividir a los clientes en grupos específicos basados en características como la demografía, el comportamiento de compra o las preferencias, puedes adaptar tus estrategias y mensajes para satisfacer las necesidades de cada segmento de manera más precisa.

Una vez que comprendas lo que tus clientes desean, podrás comenzar a diseñar una CX que satisfaga sus necesidades de manera precisa. Esto implica tomar acciones concretas para brindarles una experiencia personalizada y relevante en cada punto de contacto con tu empresa. Por ejemplo, si descubres que a tus clientes les interesa recibir recomendaciones de productos basadas en sus compras anteriores, puedes implementar un sistema de recomendación que les ofrezca opciones relevantes.

Además, es esencial tener en cuenta los comentarios y las opiniones de los clientes en todo momento. Establecer canales de comunicación abiertos y bidireccionales te permitirá recopilar retroalimentación constante y ajustar tus estrategias de CX en consecuencia. Utiliza encuestas, redes sociales, chats en línea u otros medios para estar en contacto con tus clientes y brindarles la oportunidad de expresar sus inquietudes y sugerencias.

Recuerda que el enfoque en el cliente debe ser parte de la cultura de tu empresa. Todos los miembros de tu organización, desde la alta dirección hasta el personal de atención al cliente, deben comprender la importancia de brindar una experiencia excepcional. Fomenta una mentalidad centrada en el cliente, brinda capacitación y empodera a tus empleados para que tomen decisiones que beneficien a los clientes.

En conclusión, colocar al cliente en el centro de todo lo que haces es esencial para diseñar una CX excepcional. Recopila datos, escucha atentamente, segmenta a tus clientes y personaliza las experiencias según sus preferencias individuales. Utiliza la retroalimentación de los clientes para ajustar tus estrategias y fomenta una cultura empresarial centrada en el cliente. Al hacerlo, podrás brindar una experiencia del cliente excepcional que los diferenciará en el mercado y generará lealtad a largo plazo.

2. Sé personal: Un aspecto clave para brindar una experiencia del cliente excepcional es hacer que se sientan especiales y valorados al interactuar con tu empresa. Esto se logra mediante la personalización de las comunicaciones y las interacciones con cada cliente.

En primer lugar, es importante utilizar el nombre de cada cliente en tus comunicaciones. Ya sea en correos electrónicos, llamadas telefónicas o mensajes en redes sociales, dirigirse a ellos por su nombre crea un sentido de cercanía y muestra que te estás dirigiendo a ellos de manera individual y personalizada.
Además, aprovecha la información que tienes sobre tus clientes. Utiliza su historial de compras y su comportamiento previo para ofrecer recomendaciones y ofertas personalizadas. Por ejemplo, si un cliente ha comprado productos relacionados con la jardinería, puedes enviarle información sobre nuevos productos para el cuidado de plantas o consejos útiles para el mantenimiento de un jardín.

Esto demuestra que conoces sus intereses y te preocupas por ofrecerles contenido relevante.
Asimismo, establece un tono amigable y cercano en todas las interacciones. Utiliza un lenguaje accesible y evita un tono demasiado formal o distante. Los clientes apreciarán sentir que están tratando con personas reales y no con entidades impersonales.

Recuerda que la clave está en tratar a cada cliente como un individuo único y especial. No se trata solo de enviar mensajes genéricos o promociones masivas, sino de adaptar tus comunicaciones y acciones a las preferencias y necesidades específicas de cada cliente.

Para brindar una experiencia del cliente excepcional, es importante ser personal. Utiliza el nombre de cada cliente, personaliza tus comunicaciones y aprovecha la información disponible para ofrecer recomendaciones y ofertas que sean relevantes para ellos. Establece un tono amigable y cercano en todas las interacciones. Al hacerlo, lograrás que tus clientes se sientan valorados y especiales, fortaleciendo así su conexión emocional con tu empresa.

• Sé receptivo: En la actual era digital, la velocidad de respuesta se ha vuelto fundamental para brindar una experiencia del cliente excepcional. Los clientes esperan recibir respuestas rápidas y soluciones eficientes a sus consultas y problemas.

Para lograrlo, es esencial contar con un equipo de servicio al cliente bien capacitado y disponible. Estos representantes deben estar preparados para responder preguntas y resolver problemas de manera oportuna. Es importante que estén equipados con las herramientas y el conocimiento necesarios para brindar respuestas precisas y útiles.

Además, en este mundo cada vez más digitalizado, es fundamental contar con un sólido portal de autoservicio. Este portal debe ofrecer a los clientes la posibilidad de encontrar respuestas a preguntas comunes por sí mismos, sin tener que esperar a un agente. Proporcionar a los clientes acceso a una base de conocimientos o una sección de preguntas frecuentes bien organizada y fácil de usar les permite resolver problemas de manera autónoma y en su propio tiempo.

Asimismo, considera implementar tecnologías como chatbots, que pueden proporcionar respuestas instantáneas a preguntas comunes y dirigir a los clientes hacia la información adecuada. Los chatbots pueden funcionar las 24 horas del día, los 7 días de la semana, brindando asistencia inmediata incluso cuando no hay agentes disponibles.

Recuerda que ser receptivo implica estar presente y disponible para tus clientes en todo momento. Responder rápidamente a sus consultas y brindar soluciones eficientes demuestra tu compromiso con su satisfacción y bienestar. Al hacerlo, construirás una reputación de confianza y servicio de calidad, lo cual fortalecerá la relación con tus clientes y fomentará su lealtad hacia tu empresa.

• Sé servicial: En el ámbito del servicio al cliente, no es suficiente cumplir con las expectativas; es necesario superarlas. Para ello, es fundamental adoptar una actitud proactiva y estar dispuesto a ir más allá para resolver los problemas de los clientes y garantizar su plena satisfacción.

Una forma de lograrlo es anticiparse a las necesidades del cliente. No esperes a que te planteen un problema o una solicitud, sino que adelántate y ofréceles soluciones antes de que ellos las soliciten. Esto demuestra que te preocupas por su bienestar y estás comprometido con brindarles una experiencia excepcional.

Además, es importante implementar sistemas de seguimiento efectivos. Cada solicitud o problema planteado por un cliente debe ser registrado y seguido de cerca para asegurarse de que se le dé una atención completa y oportuna. Esto implica llevar un registro detallado de las interacciones, asignar responsabilidades claras y hacer un seguimiento regular hasta que se resuelva por completo.

Para fomentar una cultura interna de servicio al cliente excepcional, es fundamental involucrar a todos los miembros del equipo. Cada persona, desde la alta dirección hasta los empleados de primera línea, debe estar comprometida con brindar ayuda y soporte de alta calidad.

Esto se logra mediante la capacitación adecuada, la definición de estándares de servicio claros y la creación de un ambiente de trabajo en el que se valore y promueva la excelencia en el servicio al cliente.

Recuerda que ser servicial implica estar dispuesto a hacer todo lo posible para ayudar a los clientes y superar sus expectativas. Al hacerlo, estarás construyendo relaciones sólidas y duraderas con tus clientes, y tu empresa se destacará en un mercado cada vez más competitivo.

• Sé proactivo: En el servicio al cliente, es importante no esperar a que los clientes acudan a ti con problemas o necesidades. En cambio, adopta una actitud proactiva y busca oportunidades para anticiparte y ponerte en contacto con ellos de manera activa.

Una forma efectiva de ser proactivo es utilizar herramientas de automatización y segmentación para enviar recordatorios personalizados. Por ejemplo, si tienes clientes con citas programadas, puedes enviarles recordatorios automáticos para asegurarte de que estén al tanto de su próxima cita y evitar olvidos o retrasos. Del mismo modo, si tus productos o servicios requieren renovaciones periódicas, puedes enviar recordatorios personalizados antes de que expiren, brindando a los clientes la oportunidad de renovar sin problemas.

Otra forma de ser proactivo es a través del uso de encuestas periódicas. Envía encuestas a tus clientes para evaluar su nivel de satisfacción y obtener su feedback. Esto te permitirá detectar áreas de mejora y tomar medidas antes de que los clientes expresen directamente sus preocupaciones. Además, también puedes utilizar las encuestas para identificar oportunidades de mejora y desarrollo de nuevos productos o servicios que se ajusten aún más a las necesidades y deseos de tus clientes.

La proactividad en el servicio al cliente te ayuda a mantener una relación sólida y cercana con tus clientes. Les demuestra que te preocupas por su bienestar y estás comprometido con brindarles una experiencia excepcional. Al tomar la iniciativa y anticiparte a sus necesidades, podrás establecer una base sólida para la fidelización y retención de clientes, fortaleciendo la reputación de tu empresa y generando un boca a boca positivo en el mercado.

La consistencia es clave para brindar una Excepcional Experiencia del Cliente (CX) en todos los canales y puntos de contacto.

Los clientes esperan una experiencia fluida y coherente, sin importar cómo elijan interactuar contigo.

Para lograr la consistencia, es importante asegurarte de que todos tus canales de comunicación, ya sea tu sitio web, redes sociales, aplicaciones móviles o puntos de venta físicos, brinden una experiencia unificada. Esto significa mantener un diseño y una estructura consistentes en todos los canales, de modo que los clientes se sientan familiarizados y cómodos al interactuar con tu marca sin importar dónde se encuentren.

Además del aspecto visual, es esencial mantener una identidad de marca sólida en todos los canales. Esto implica utilizar un tono de voz coherente y un lenguaje alineado con los valores y la personalidad de tu empresa. Siempre debes transmitir el mismo mensaje y mantener una comunicación clara y coherente, sin importar si estás interactuando con los clientes a través de redes sociales, chat en vivo, correo electrónico u otros medios.

La consistencia en la CX crea confianza en los clientes. Les brinda la seguridad de que recibirán un nivel de servicio y calidad constante en cada interacción. Al ofrecer una experiencia coherente, los clientes pueden moverse sin problemas entre los diferentes canales y puntos de contacto, sin experimentar confusiones o discrepancias en la información que reciben.

Recuerda que la consistencia no solo se refiere a la apariencia y la comunicación, sino también al nivel de servicio y atención al cliente que brindas.

Asegúrate de que todos los miembros de tu equipo estén alineados en cuanto a los estándares de calidad y el enfoque en el cliente. Capacita a tu personal para que siga los mismos procedimientos y brinde un servicio excepcional en cada interacción.
Al ser consistente en todos los aspectos de la CX, generarás confianza y familiaridad en tus clientes, fortaleciendo su relación con tu marca y fomentando la lealtad a largo plazo.

• Sé basado en datos: Sé basado en datos: La clave para mejorar continuamente tu Experiencia del Cliente (CX) radica en el uso de datos. Utiliza información y análisis para impulsar mejoras significativas en tu CX y garantizar la satisfacción de los clientes.

Comienza recopilando activamente los comentarios y opiniones de tus clientes. Esto puede realizarse a través de encuestas, comentarios en redes sociales, reseñas en línea o incluso mediante llamadas de seguimiento. Analiza estos datos en busca de patrones y tendencias que te ayuden a comprender las fortalezas y debilidades de tu CX actual.

Además de los comentarios directos de los clientes, es importante medir métricas clave como el Net Promoter Score (NPS), la satisfacción del cliente y la tasa de retención. Estas métricas proporcionan una visión cuantitativa de cómo perciben tus clientes su experiencia con tu empresa. Utilízalas como guía para evaluar el rendimiento de tu CX y establecer objetivos de mejora.

Una vez que tengas los datos, utilízalos para identificar áreas de oportunidad y priorizar acciones de mejora. Por ejemplo, si descubres que muchos clientes tienen dificultades para encontrar información en tu sitio web, puedes enfocarte en mejorar la navegación y la estructura del contenido. Si el NPS muestra una baja satisfacción en un aspecto particular de tu CX, trabaja en soluciones específicas para abordar ese problema.

Además, la recopilación de datos te permite realizar un seguimiento del impacto de las mejoras implementadas. Realiza un seguimiento regular de las métricas para evaluar cómo están cambiando en respuesta a las acciones que has tomado. Esto te ayudará a evaluar la efectividad de tus iniciativas y a realizar ajustes continuos para alcanzar una CX excepcional.

Recuerda que el uso de datos no se trata solo de recopilar información, sino de actuar en base a ella. Asegúrate de contar con los recursos y la capacidad para analizar los datos y convertirlos en acciones tangibles que impulsen mejoras significativas en tu CX.

Al ser basado en datos, podrás tomar decisiones informadas, realizar cambios efectivos y mejorar continuamente tu CX para satisfacer las necesidades y expectativas cambiantes de tus clientes.

• Sé innovador: Sé innovador: En un entorno empresarial en constante evolución, la innovación es clave para destacar y mantenerse relevante. No temas explorar nuevas ideas y soluciones tecnológicas que puedan transformar y mejorar la experiencia del cliente.

La adopción de tecnologías innovadoras puede marcar una gran diferencia en la forma en que interactúas con tus clientes. Por ejemplo, considera la implementación de inteligencia artificial para automatizar tareas repetitivas y brindar respuestas rápidas a las consultas de los clientes. Los chatbots son otra herramienta que puedes utilizar para ofrecer asistencia instantánea y personalizada, incluso fuera del horario laboral.

Además, la realidad virtual y aumentada pueden abrir nuevas oportunidades para involucrar a tus clientes de manera emocionante y envolvente. Por ejemplo, si tienes una tienda de muebles, puedes permitir que los clientes visualicen cómo se verían los muebles en su hogar utilizando la realidad virtual. Esto les brinda una experiencia de compra única y ayuda a tomar decisiones informadas.

Para ser verdaderamente innovador, mantente actualizado sobre las tendencias y necesidades cambiantes de tu industria. Realiza investigaciones de mercado, asiste a conferencias y mantén un diálogo constante con tus clientes para comprender sus demandas y expectativas. Esto te permitirá identificar oportunidades de mejora y ofrecer productos y servicios innovadores que satisfagan esas necesidades.

Recuerda que la innovación no se trata solo de adoptar nuevas tecnologías, sino también de fomentar una cultura de creatividad y experimentación en tu organización.

Anima a tus empleados a aportar ideas y soluciones innovadoras, y bríndales el apoyo y los recursos necesarios para convertir esas ideas en realidad.

La clave está en estar dispuesto a salir de tu zona de confort y explorar nuevas formas de brindar valor a tus clientes. La innovación te ayudará a diferenciarte de la competencia, a mantener la lealtad de tus clientes y a impulsar el crecimiento de tu negocio en el cambiante panorama empresarial actual.

Siguiendo estos consejos y prácticas, podrás crear una Excepcional Experiencia del Cliente que destaque en el mercado y mantenga a tus clientes regresando por más. Recuerda que la CX no es un objetivo estático, sino un proceso continuo de mejora y adaptación a las necesidades cambiantes de los clientes. ¡La clave está en escuchar, personalizar y superar las expectativas en cada interacción!

CAPÍTULO 4: LAS HERRAMIENTAS Y TECNOLOGÍAS QUE NECESITAS PARA OFRECER UNA EXCELENTE EXPERIENCIA DEL CLIENTE

En la era digital actual, los clientes esperan que las empresas ofrezcan una excelente Experiencia del Cliente (CX) en todos los canales. Esto implica contar con las herramientas y tecnologías adecuadas para respaldar un recorrido del cliente sin problemas. Existen muchas herramientas y tecnologías diferentes que las empresas pueden utilizar para mejorar su CX. Algunas de las herramientas más importantes incluyen:

Software de gestión de relaciones con el cliente (CRM):
El software de CRM se ha convertido en una herramienta esencial para las empresas que desean mejorar su gestión de relaciones con los clientes. Este tipo de software permite recopilar, almacenar y analizar de manera eficiente toda la información relacionada con los clientes, desde datos básicos de contacto hasta detalles sobre sus preferencias y comportamientos de compra.

Con un sistema de CRM bien implementado, las empresas pueden comprender mejor a sus clientes y ofrecer un servicio personalizado y relevante. Por ejemplo, al tener acceso a un historial completo de interacciones pasadas, los equipos de ventas y servicio al cliente pueden brindar un trato individualizado a cada cliente, recordando sus preferencias y necesidades específicas.

Además, el software de CRM permite automatizar procesos y tareas, lo que aumenta la eficiencia y la productividad. Por ejemplo, se pueden configurar recordatorios automáticos para realizar seguimiento de las llamadas o enviar correos electrónicos de seguimiento después de una reunión. Esto ayuda a garantizar que ningún cliente se quede sin respuesta y que todas las oportunidades de venta se aprovechen al máximo.
Otra ventaja del software de CRM es su capacidad para generar informes y análisis detallados. Esto permite a las empresas evaluar su desempeño en la gestión de relaciones con los clientes y tomar decisiones basadas en datos sólidos. Los informes pueden proporcionar información sobre la efectividad de las campañas de marketing, el rendimiento de ventas, la satisfacción del cliente y muchas otras métricas importantes.

Es importante destacar que el software de CRM no se limita solo a grandes empresas. Incluso las pequeñas y medianas empresas pueden beneficiarse de estas herramientas para mejorar su enfoque en el cliente y lograr un crecimiento sostenible.

El software de gestión de relaciones con el cliente es una solución integral que permite a las empresas comprender mejor a sus clientes, brindar un servicio personalizado y eficiente, y tomar decisiones basadas en datos. Es una inversión valiosa para cualquier empresa que desee mantenerse competitiva en un mercado cada vez más centrado en el cliente.

Portales de autoservicio: Los portales de autoservicio permiten a los clientes encontrar respuestas a preguntas frecuentes y resolver problemas por sí mismos, sin tener que contactar al servicio al cliente.

Chat en vivo:

El chat en vivo se ha convertido en una herramienta invaluable para las empresas que desean brindar un soporte rápido y eficiente a sus clientes. A través del chat en vivo, los clientes pueden interactuar directamente con representantes de servicio al cliente en tiempo real, obteniendo respuestas a sus preguntas y soluciones a sus problemas de manera inmediata.
Una de las principales ventajas del chat en vivo es su conveniencia. Los clientes pueden acceder al chat en vivo desde cualquier dispositivo con conexión a Internet, ya sea una computadora de escritorio, una tableta o un teléfono móvil. Esto les brinda la libertad de contactar a la empresa en cualquier momento y desde cualquier lugar, sin tener que esperar largos tiempos de respuesta por correo electrónico o llamadas telefónicas.

Además de su rapidez, el chat en vivo también ofrece una experiencia personalizada. Los representantes de servicio al cliente pueden identificar al cliente que está solicitando ayuda y acceder a su historial de interacciones pasadas. Esto les permite brindar un servicio más contextualizado, recordando las consultas anteriores del cliente y adaptando sus respuestas a sus necesidades individuales.

El chat en vivo también fomenta la comunicación bidireccional. Los clientes pueden expresar sus inquietudes y proporcionar información adicional de manera instantánea, lo que facilita una comprensión más rápida y precisa de sus problemas. Además, el chat en vivo permite a los representantes de servicio al cliente enviar enlaces, documentos o capturas de pantalla para ayudar a los clientes a resolver sus problemas de manera más efectiva.

Otra ventaja del chat en vivo es su capacidad para realizar múltiples conversaciones simultáneas. Los representantes de servicio al cliente pueden manejar varias consultas al mismo tiempo, lo que agiliza el proceso y reduce los tiempos de espera para los clientes.

Esto se traduce en una mayor satisfacción del cliente y una mejora en la eficiencia operativa de la empresa.

El chat en vivo es una herramienta valiosa para proporcionar un soporte instantáneo y personalizado a los clientes. Su capacidad para ofrecer respuestas rápidas, comunicación bidireccional y manejar múltiples conversaciones simultáneas lo convierte en una opción preferida tanto para las empresas como para los clientes. Al implementar el chat en vivo de manera efectiva, las empresas pueden mejorar significativamente su servicio al cliente y fortalecer la relación con sus clientes.

Redes sociales:

En la era digital, las redes sociales se han convertido en una plataforma crucial para la interacción entre las empresas y sus clientes. Estas plataformas ofrecen una oportunidad única para establecer una comunicación directa y en tiempo real con los clientes, así como para construir y fortalecer la imagen de la marca.

Una de las ventajas principales de las redes sociales es su alcance masivo. Millones de personas utilizan activamente las redes sociales, lo que significa que las empresas pueden llegar a una audiencia amplia y diversa. Al tener presencia en las redes sociales, las empresas pueden interactuar con los clientes de manera proactiva, responder a sus preguntas y proporcionar asistencia en tiempo real.

Además, las redes sociales permiten a las empresas mostrar su lado humano y establecer una conexión emocional con los clientes. A través de publicaciones, comentarios y mensajes directos, las empresas pueden transmitir su personalidad de marca, valores y compromiso con la satisfacción del cliente. Esto ayuda a construir confianza y lealtad hacia la marca, ya que los clientes se sienten escuchados y valorados.

Otro beneficio de las redes sociales es la capacidad de monitorear y gestionar la reputación de la marca. Las empresas pueden estar al tanto de lo que se dice sobre ellas en las redes sociales, responder a comentarios negativos o problemas de manera rápida y efectiva, y utilizar el feedback de los clientes para mejorar sus productos y servicios. Además, las redes sociales también brindan la oportunidad de generar contenido relevante y atractivo que resuene con la audiencia y genere interacciones positivas.

Es importante destacar que las redes sociales deben ser utilizadas de manera estratégica y coherente con la identidad de la marca.

Cada plataforma de redes sociales tiene sus características y audiencia específicas, por lo que es fundamental adaptar el contenido y el tono de la comunicación en consecuencia. Además, es importante contar con personal capacitado para gestionar las redes sociales de manera eficiente y responder de manera oportuna a las consultas y comentarios de los clientes.

Chatbots:

os chatbots son una innovadora herramienta tecnológica que está revolucionando la forma en que las empresas brindan soporte y atención al cliente. Estos programas informáticos están diseñados para simular conversaciones humanas y ofrecer respuestas automáticas a las consultas y solicitudes de los clientes.

Una de las principales ventajas de los chatbots es su disponibilidad las 24 horas del día, los 7 días de la semana. A diferencia de los representantes de servicio al cliente que tienen horarios limitados, los chatbots están siempre disponibles para atender a los clientes, incluso en horarios no laborales. Esto permite a los clientes obtener respuestas inmediatas a sus preguntas y resolver problemas sin tener que esperar.

Además de su disponibilidad, los chatbots también son capaces de manejar múltiples conversaciones simultáneamente. Pueden atender a varios clientes al mismo tiempo, lo que agiliza el proceso de atención al cliente y evita largos tiempos de espera. Esto resulta especialmente útil en situaciones de alta demanda o picos de tráfico, donde los clientes pueden recibir asistencia de manera rápida y eficiente.

Los chatbots también pueden ser programados para ofrecer respuestas personalizadas y contextualizadas. Utilizando algoritmos y análisis de datos, los chatbots pueden recopilar información sobre el cliente y adaptar sus respuestas según sus necesidades específicas. Esto permite una experiencia más personalizada y mejora la satisfacción del cliente al recibir respuestas relevantes y precisas.

Además, los chatbots son una herramienta escalable y rentable para las empresas. A medida que la base de clientes crece, los chatbots pueden manejar un mayor volumen de consultas sin necesidad de aumentar significativamente los recursos humanos. Esto permite a las empresas ahorrar costos y asignar recursos de manera más eficiente, sin comprometer la calidad del servicio al cliente.

A pesar de todas sus ventajas, es importante destacar que los chatbots no reemplazan completamente la interacción humana. En situaciones más complejas o emocionales, los clientes aún pueden necesitar la asistencia de un representante de servicio al cliente. Por lo tanto, es crucial encontrar un equilibrio entre el uso de chatbots y el soporte humano para garantizar una experiencia óptima para los clientes.

Los chatbots son una herramienta poderosa en el servicio al cliente, brindando respuestas automáticas y disponibles las 24/7. Su capacidad para atender múltiples consultas simultáneamente, ofrecer respuestas personalizadas y ser rentables los convierte en una opción atractiva para mejorar la experiencia del cliente. Sin embargo, es esencial combinar su uso con el soporte humano adecuado para brindar una atención integral y satisfactoria.

Realidad virtual (RV):

La realidad virtual es una tecnología emocionante que está transformando la forma en que las empresas interactúan con sus clientes. Mediante el uso de dispositivos de RV, se pueden crear experiencias inmersivas y envolventes que permiten a los clientes explorar y conocer los productos y servicios de una manera completamente nueva.

La RV ofrece a los clientes la oportunidad de sumergirse en un entorno virtual y experimentar de primera mano cómo sería utilizar un producto o servicio. Por ejemplo, una empresa de bienes raíces puede utilizar la RV para mostrar a los clientes potenciales cómo se vería y se sentiría vivir en una propiedad en particular. Los clientes pueden explorar virtualmente cada habitación, apreciar los detalles arquitectónicos y tener una idea realista del espacio antes de tomar una decisión.

Además de la industria inmobiliaria, la RV también se utiliza en otras áreas, como el turismo, la educación y el entretenimiento. Las compañías de viajes pueden permitir a los clientes explorar destinos turísticos a través de experiencias de RV, lo que les permite tener una idea realista de lo que pueden esperar antes de reservar un viaje. En el ámbito educativo, la RV puede utilizarse para crear entornos virtuales de aprendizaje que permitan a los estudiantes interactuar con conceptos complejos de una manera más práctica y memorable.

La RV también ofrece oportunidades emocionantes en el sector minorista. Las tiendas pueden utilizar la RV para crear experiencias de compra virtuales, donde los clientes pueden explorar y probar productos sin tener que visitar físicamente la tienda. Por ejemplo, una tienda de muebles puede permitir a los clientes ver cómo se verían los muebles en su hogar antes de realizar una compra, simplemente utilizando un dispositivo de RV.
La RV no solo brinda a los clientes una experiencia única, sino que también puede ayudar a las empresas a destacarse en un mercado altamente competitivo. Al utilizar la RV, las empresas demuestran su compromiso con la innovación y la mejora de la experiencia del cliente. Esto puede generar un mayor interés y compromiso por parte de los clientes, así como una mayor percepción de valor de los productos y servicios ofrecidos.

La realidad virtual es una tecnología revolucionaria que ofrece a las empresas la capacidad de crear experiencias inmersivas y envolventes para sus clientes. Ya sea en la industria inmobiliaria, el turismo, la educación o el comercio minorista, la RV brinda una forma única de conocer y experimentar productos y servicios. Al aprovechar esta tecnología, las empresas pueden diferenciarse y ofrecer una experiencia excepcional que cautive a los clientes y los impulse a tomar decisiones informadas.

Realidad aumentada (RA):

Ampliación: Realidad aumentada (RA): La realidad aumentada es una tecnología que está transformando la forma en que los clientes interactúan con los productos y servicios. La RA combina elementos virtuales con el mundo real, permitiendo a los clientes visualizar y experimentar cómo funcionarían los productos y servicios en sus vidas diarias.

Mediante el uso de dispositivos como teléfonos inteligentes o gafas de RA, los clientes pueden superponer información digital, como imágenes, videos o gráficos, en su entorno real. Por ejemplo, una empresa de muebles puede utilizar la RA para permitir a los clientes ver cómo se vería un sofá en su sala de estar. Simplemente apuntando la cámara del teléfono hacia el espacio, el cliente puede ver una representación virtual del sofá colocado en su entorno real, lo que les brinda una idea precisa de cómo se vería y se ajustaría al espacio.
La RA también se utiliza en otros sectores, como la moda, el maquillaje y la industria automotriz. Las tiendas de moda pueden utilizar la RA para permitir a los clientes probarse virtualmente diferentes prendas, sin tener que probárselas físicamente. Los clientes pueden ver cómo se verían con diferentes estilos y colores, lo que les ayuda a tomar decisiones de compra más informadas.

En el ámbito del maquillaje, la RA permite a los clientes probar diferentes tonos de lápiz labial, sombras de ojos y productos para el cuidado de la piel. Pueden ver cómo se verían los productos en su propio rostro antes de realizar una compra, lo que les brinda confianza en su elección.

En la industria automotriz, la RA se utiliza para permitir a los clientes ver y personalizar vehículos antes de comprarlos. Los clientes pueden ver diferentes opciones de color, características y accesorios superpuestos en el automóvil en tiempo real, lo que les ayuda a visualizar cómo se vería el vehículo final.

La RA ofrece a los clientes una experiencia interactiva y envolvente, lo que les permite tener una idea precisa de cómo los productos y servicios se adaptarán a sus necesidades y preferencias. Además, la RA también brinda a las empresas la oportunidad de presentar información adicional sobre los productos y servicios, como características, instrucciones de uso o reseñas de otros clientes, todo en tiempo real y en el contexto adecuado.

La realidad aumentada es una tecnología emocionante que permite a los clientes visualizar y experimentar productos y servicios en su entorno real. Al utilizar la RA, las empresas pueden proporcionar a los clientes una experiencia interactiva y personalizada, ayudándoles a tomar decisiones de compra más informadas. La RA tiene el potencial de transformar numerosas industrias al mejorar la forma en que los clientes interactúan y se relacionan con los productos y servicios ofrecidos.

Las herramientas y tecnologías específicas que una empresa necesita dependerán de su tamaño, industria y base de clientes. Sin embargo, todas las empresas deberían tener un conjunto básico de herramientas para respaldar una excelente CX.
Aquí hay algunos ejemplos de empresas reales que están utilizando diferentes herramientas y tecnologías para mejorar su CX:

IKEA: IKEA es una empresa reconocida por su innovación en la experiencia del cliente, y la realidad virtual (RV) es una de las herramientas que utilizan para mejorarla. IKEA ha implementado la RV como una forma de ayudar a los clientes a visualizar cómo se verán los muebles en sus hogares antes de realizar una compra.

Utilizando aplicaciones de realidad virtual desarrolladas por IKEA, los clientes pueden explorar virtualmente diferentes habitaciones y espacios, y luego colocar y ajustar los muebles de IKEA en esos entornos virtuales. Esto les permite tener una idea precisa de cómo se verá el mobiliario en su propio hogar, considerando factores como el tamaño, la forma y la distribución del espacio.

Esta experiencia virtual les brinda a los clientes la oportunidad de tomar decisiones informadas sobre qué muebles comprar, evitando posibles problemas de compatibilidad o decepciones al recibir los productos. Al poder visualizar los muebles en su entorno real, los clientes pueden evaluar cómo se adaptan estéticamente, si encajan adecuadamente en el espacio y si cumplen con sus necesidades y preferencias.

El uso de la RV por parte de IKEA no solo reduce las devoluciones de productos, sino que también mejora la satisfacción del cliente. Al ofrecer a los clientes una herramienta interactiva y realista para tomar decisiones de compra, IKEA les proporciona una experiencia más personalizada y les ayuda a sentirse más seguros acerca de sus elecciones. Esto a su vez contribuye a la construcción de la confianza del cliente y fortalece la relación entre los clientes y la marca.

La implementación de la RV en la experiencia del cliente de IKEA muestra cómo las tecnologías emergentes pueden ser aprovechadas de manera efectiva para mejorar la interacción y satisfacción del cliente. Al utilizar la RV, IKEA demuestra su compromiso con la innovación y su deseo de brindar una experiencia de compra excepcional a sus clientes.

IKEA utiliza la realidad virtual como una herramienta para permitir a los clientes visualizar cómo se verá el mobiliario en sus hogares. Esto reduce las devoluciones y mejora la satisfacción del cliente al proporcionarles una experiencia más personalizada y segura al tomar decisiones de compra. La implementación de la RV destaca el enfoque innovador de IKEA en la mejora continua de la experiencia del cliente.

BMW: BMW es una marca reconocida por su enfoque innovador en la experiencia del cliente, y la realidad aumentada (RA) es una herramienta que han utilizado para mejorarla. BMW ha implementado la RA como una forma de ayudar a los clientes a visualizar cómo funcionarán las características y tecnologías de sus automóviles.
Utilizando aplicaciones de realidad aumentada desarrolladas por BMW, los clientes pueden experimentar virtualmente cómo se verán y se utilizarán las diversas características y opciones disponibles en los vehículos. Mediante el uso de dispositivos móviles o gafas de realidad aumentada, los clientes pueden superponer información

digital, como pantallas interactivas, controles y asistentes virtuales, en el entorno real de sus automóviles.

Esta experiencia de realidad aumentada les permite a los clientes explorar y comprender mejor las características y funciones de los automóviles BMW antes de tomar una decisión de compra. Pueden interactuar con los controles virtuales, simular el uso de tecnologías avanzadas como el asistente de estacionamiento automático o el sistema de navegación y experimentar cómo se siente estar al volante de un automóvil BMW.

El uso de la realidad aumentada por parte de BMW no solo educa a los clientes sobre las características de sus productos, sino que también les permite tener una experiencia más inmersiva y emocionante al explorar el mundo de los automóviles de lujo. Al interactuar con la realidad aumentada, los clientes pueden comprender mejor las ventajas y beneficios de los vehículos BMW, así como personalizar y configurar sus opciones según sus preferencias individuales.

La implementación de la realidad aumentada por parte de BMW muestra cómo las tecnologías innovadoras pueden ser utilizadas para mejorar la interacción y el conocimiento de los clientes sobre los productos y servicios de la marca. Al utilizar la RA, BMW demuestra su compromiso con la excelencia en la experiencia del cliente al brindarles una herramienta interactiva y educativa.

BMW utiliza la realidad aumentada como una herramienta para ayudar a los clientes a visualizar y comprender las características y tecnologías de sus automóviles. Esto educa a los clientes, les proporciona una experiencia inmersiva y emocionante, y les permite personalizar y configurar sus opciones de manera más informada. La implementación de la realidad aumentada resalta el enfoque innovador de BMW en la mejora continua de la experiencia del cliente.

Estos son solo algunos ejemplos de cómo las empresas están utilizando diferentes herramientas y tecnologías para mejorar su CX. Al elegir las herramientas y tecnologías adecuadas, las empresas pueden crear un recorrido del cliente sin problemas que mantendrá a los clientes regresando por más.

Como experto en servicio al cliente, he visto de primera mano cómo las herramientas y tecnologías adecuadas pueden marcar una gran diferencia en la experiencia del cliente. Creo que todas las empresas deberían invertir en las herramientas y tecnologías adecuadas para respaldar una excelente CX. Esta es una inversión que dará sus frutos a largo plazo, ya que ayudará a las empresas a atraer nuevos clientes, retener a los clientes existentes y aumentar las ventas.

CAPÍTULO 5: CÓMO IMPLEMENTAR UNA CULTURA CENTRADA EN EL CLIENTE

En el mercado competitivo de hoy en día, las empresas que se centran en el cliente tienen más probabilidades de tener éxito que aquellas que no lo hacen. Una cultura centrada en el cliente es aquella en la que el cliente está siempre en el centro de todo lo que hace la empresa. Esto significa que la empresa se enfoca en comprender y satisfacer las necesidades de sus clientes, y se compromete a brindar una experiencia positiva y memorable al cliente.

Existen muchos pasos que las empresas pueden tomar para implementar una cultura centrada en el cliente. Algunos de los pasos más importantes incluyen:

Colocar al cliente en el centro de todo lo que hagas es un principio fundamental para brindar una experiencia excepcional. Esto implica que cada decisión que tomes como empresa debe tener en cuenta las necesidades, deseos y expectativas de tus clientes. Desde el desarrollo de productos y servicios hasta la estrategia de marketing y atención al cliente, el enfoque principal debe ser siempre satisfacer y superar las expectativas del cliente.

Una forma efectiva de colocar al cliente en el centro es escuchar atentamente sus comentarios y retroalimentación. Esto incluye recopilar y analizar las opiniones de los clientes, ya sea a través de encuestas, comentarios en redes sociales o testimonios directos. Los comentarios de los clientes son una valiosa fuente de información para identificar áreas de mejora, identificar tendencias y comprender mejor las necesidades cambiantes del mercado.

Utiliza estos comentarios para mejorar tus productos y servicios. Considera las sugerencias y opiniones de los clientes como oportunidades de crecimiento y desarrollo. A través de la retroalimentación de los clientes, puedes identificar aspectos que pueden ser optimizados, implementar cambios en función de sus necesidades y adaptar tu oferta para ofrecer soluciones más alineadas con lo que están buscando.

Además, mantener una comunicación abierta y transparente con tus clientes es esencial. Asegúrate de tener canales de comunicación efectivos y accesibles para que los clientes puedan expresar sus inquietudes, hacer preguntas y recibir respuestas claras y oportunas.

Demuestra tu disposición para escuchar y actuar sobre las inquietudes de los clientes, lo que contribuirá a fortalecer la confianza y la lealtad hacia tu marca.

Colocar al cliente en el centro de todo lo que haces implica tomar decisiones estratégicas, escuchar sus comentarios y utilizarlos para mejorar continuamente tus productos y servicios. Al estar atento a las necesidades y expectativas de tus clientes, podrás construir relaciones sólidas y duraderas, así como impulsar el crecimiento y el éxito de tu negocio.

Capacitar a tus empleados para que se enfoquen en el cliente es un aspecto crucial para proporcionar un servicio excepcional. Tus empleados son el rostro de tu empresa y son quienes interactúan directamente con los clientes a diario. Por lo tanto, es fundamental asegurarse de que estén debidamente capacitados para comprender y satisfacer las necesidades del cliente.

La capacitación debe enfocarse en desarrollar habilidades de empatía y escucha activa. Los empleados deben aprender a ponerse en el lugar del cliente, comprender sus preocupaciones y necesidades, y adaptarse a sus expectativas. Esto implica conocer a fondo los productos y servicios que ofrecen, así como tener un conocimiento profundo de las políticas y procedimientos de la empresa para poder brindar respuestas y soluciones precisas.

Además, es importante enseñar a los empleados cómo brindar una experiencia positiva y memorable al cliente. Esto implica entrenarlos en habilidades de comunicación efectiva, cortesía y resolución de problemas. Deben estar preparados para manejar situaciones difíciles y convertir cualquier interacción en una oportunidad para generar satisfacción y fidelidad.

La capacitación también debe ser continua y adaptarse a medida que cambian las necesidades y expectativas del cliente. Mantener a los empleados actualizados sobre las últimas tendencias, mejores prácticas y técnicas de servicio al cliente garantizará que estén preparados para enfrentar cualquier desafío que se les presente.

Además, fomenta una cultura interna que valore la importancia de centrarse en el cliente. Reconoce y recompensa a aquellos empleados que demuestren un compromiso excepcional con la satisfacción del cliente. Esto ayudará a crear un entorno en el que todos los miembros del equipo estén alineados en la misión de brindar un servicio de calidad.

Capacitar a tus empleados para que se enfoquen en el cliente es esencial para proporcionar una experiencia excepcional. Al equipar a tus empleados con las habilidades y conocimientos necesarios, estarás construyendo un equipo comprometido con la satisfacción del cliente y contribuyendo al éxito a largo plazo de tu empresa.

Utilizar datos para comprender a tus clientes es una estrategia inteligente que te permite obtener información valiosa sobre su comportamiento y preferencias. Al recopilar y analizar datos, puedes identificar patrones, tendencias y oportunidades de mejora que te ayudarán a tomar decisiones informadas para satisfacer las necesidades de tus clientes.

Una forma de utilizar los datos es identificando a tus clientes más valiosos. Mediante el análisis de datos de compras, puedes identificar aquellos clientes que generan más ingresos para tu negocio y brindarles un trato especial. Esto puede incluir ofrecerles promociones exclusivas, programas de fidelización o atención personalizada. Al comprender quiénes son tus clientes más valiosos, puedes enfocar tus esfuerzos en mantener su satisfacción y fomentar su lealtad.

Además, el seguimiento del historial de compras de tus clientes te proporciona información detallada sobre sus preferencias y comportamiento de compra. Puedes identificar qué productos o servicios son los más populares, cuáles son los patrones de compra recurrentes y qué oportunidades existen para ofrecer productos complementarios o actualizaciones. Esto te permite personalizar tus ofertas y recomendaciones, brindando a tus clientes una experiencia más relevante y satisfactoria.

La satisfacción del cliente también puede ser medida a través de datos. Puedes utilizar encuestas, calificaciones y reseñas para recopilar información sobre la experiencia de tus clientes con tus productos y servicios. Esto te ayuda a identificar áreas de mejora y realizar ajustes en tu estrategia para garantizar una experiencia óptima.

Es importante tener en cuenta la privacidad de los datos y asegurarte de cumplir con las regulaciones y políticas de privacidad. Al utilizar los datos de tus clientes, debes garantizar la protección de su información personal y utilizarla de manera ética y responsable.

Utilizar datos para comprender a tus clientes te brinda información valiosa para tomar decisiones estratégicas y mejorar su experiencia. Al identificar a tus clientes más valiosos, realizar un seguimiento de su historial de compras y medir su satisfacción, puedes personalizar tus ofertas, brindar un servicio excepcional y generar lealtad a largo plazo.

Personalizar la experiencia del cliente es una estrategia efectiva para demostrarles que valoras su individualidad y que te preocupas por satisfacer sus necesidades de manera única. Mediante la utilización de datos, puedes obtener información relevante sobre tus clientes y utilizarla para personalizar sus interacciones con tu empresa.

Una forma de personalizar la experiencia del cliente es a través del correo electrónico. Al utilizar los datos que has recopilado, puedes enviar mensajes personalizados que se ajusten a los intereses y preferencias de cada cliente. Puedes ofrecer recomendaciones de productos basadas en sus compras anteriores, enviarles ofertas especiales o recordarles eventos relevantes. Estas comunicaciones personalizadas crean un vínculo más fuerte con tus clientes y aumentan las posibilidades de que se sientan valorados y respondan positivamente a tus mensajes.

Las redes sociales también ofrecen una oportunidad para personalizar la experiencia del cliente. Al monitorear las interacciones en las redes sociales, puedes identificar las necesidades y preguntas de tus clientes y responder de manera oportuna y personalizada. Puedes brindarles atención al cliente a través de mensajes directos, resolver sus problemas y agradecerles por su apoyo. Esta interacción individualizada en las redes sociales contribuye a construir relaciones sólidas y duraderas con tus clientes.

Además, cuando los clientes visitan tu tienda física, puedes utilizar los datos para personalizar su experiencia en el lugar. Por ejemplo, si tienes un programa de fidelización, puedes utilizar los datos de compras anteriores para ofrecer descuentos exclusivos o recomendar productos relevantes durante su visita. También puedes capacitar a tus empleados para que reconozcan a los clientes habituales y los traten de manera especial, brindando un servicio más personalizado y amigable.

Personalizar la experiencia del cliente a través de diferentes canales te permite adaptarte a las necesidades individuales de tus clientes. Al utilizar datos para comprender sus preferencias y ajustar tus interacciones en el correo electrónico, las redes sociales y en la tienda, puedes fortalecer el vínculo con tus clientes y aumentar su satisfacción y lealtad hacia tu marca.

Facilitar a los clientes hacer negocios contigo es un aspecto crucial para brindar una excelente experiencia del cliente. Los clientes valoran la conveniencia y la eficiencia en sus interacciones con las empresas. Aquí hay algunas formas de lograrlo:

•Proporcionar información clara y concisa: Asegúrate de que la información sobre tus productos, servicios, políticas y procesos esté disponible de manera clara y fácilmente accesible. Esto incluye brindar descripciones detalladas de los productos, precios transparentes y políticas de devolución comprensibles. Al ofrecer información clara, ayudas a tus clientes a tomar decisiones informadas y a evitar confusiones.

3. Ofrecer múltiples canales de soporte al cliente: Es importante brindar a tus clientes diversas opciones para comunicarse contigo y obtener ayuda cuando lo necesiten. Además del correo electrónico o el teléfono, considera implementar un chat en vivo en tu sitio web, proporcionar asistencia a través de las redes sociales o incluso ofrecer un centro de ayuda en línea. Al proporcionar múltiples canales de soporte, estás facilitando que los clientes se pongan en contacto contigo de la manera que les resulte más conveniente.

• Resolver problemas de manera rápida y eficiente: Cuando los clientes enfrentan problemas o tienen consultas, es fundamental abordarlos de manera rápida y eficiente. Capacita a tu equipo de servicio al cliente para que sea ágil en la resolución de problemas y brinde respuestas precisas. Considera la implementación de un sistema de seguimiento de problemas para asegurarte de que cada consulta o problema sea atendido y seguido hasta su resolución. Al ser proactivo y resolutivo, generas confianza y demuestras tu compromiso con la satisfacción del cliente.

• Simplificar los procesos de compra y pago: Haz que el proceso de compra y pago sea lo más sencillo posible para tus clientes. Optimiza tu sitio web o aplicación móvil para que sea fácil de navegar y realizar transacciones. Ofrece opciones de pago seguras y diversificadas, como tarjetas de crédito, transferencias bancarias o billeteras digitales. Al simplificar los procesos, reduces la fricción y haces que los clientes se sientan cómodos al hacer negocios contigo.

Al facilitar a los clientes hacer negocios contigo, estás eliminando barreras y creando una experiencia fluida y conveniente. Esto genera satisfacción, fidelidad y aumenta las posibilidades de que los clientes regresen y recomienden tu empresa a otros.

Ir más allá por los clientes. Los clientes aprecian las empresas que van más allá para satisfacer sus necesidades. Esto podría significar ofrecer un reembolso o reemplazo para un producto defectuoso, o brindar una actualización gratuita a un cliente que ha sido leal durante años.

Al seguir estos pasos, las empresas pueden crear una cultura centrada en el cliente que conducirá a un mayor nivel de satisfacción, lealtad y generación de ingresos.
Ejemplo de una empresa real que ha implementado una cultura centrada en el cliente:

Zappos: Zappos es un ejemplo conocido de una empresa que ha implementado una cultura centrada en el cliente. El lema de la empresa es "obsesión por el cliente", y esto se evidencia en todo lo que hace Zappos. Se alienta a los empleados de Zappos a ir más allá por los clientes, y se les empodera para tomar decisiones que mejoren la experiencia del cliente. Zappos también recopila comentarios de los clientes y los utiliza para mejorar sus productos y servicios. Como resultado de su cultura centrada en el cliente, Zappos ha sido consistentemente clasificada como uno de los mejores lugares para trabajar en Estados Unidos.

Lecciones aprendidas de la implementación de una cultura centrada en el cliente por parte de Zappos:
Colocar al cliente en el centro de todo lo que haces es esencial para crear una cultura centrada en el cliente. Esto implica asegurarse de que todas las decisiones se tomen teniendo en cuenta al cliente y que estés escuchando constantemente los comentarios de los clientes.

CAPÍTULO 6: MEDICIÓN DE LA SATISFACCIÓN DEL CLIENTE

La satisfacción del cliente es una medida crítica de qué tan bien una empresa está satisfaciendo las necesidades de sus clientes. Su importancia radica en que puede ayudar a las empresas a identificar áreas en las que pueden mejorar sus productos, servicios y experiencia del cliente.

Existen diversas formas de medir la satisfacción del cliente. Algunos de los métodos más comunes son:
Las encuestas de satisfacción del cliente son una herramienta valiosa para obtener información directa sobre la experiencia y la satisfacción de los clientes. Estas encuestas suelen utilizar preguntas estructuradas que permiten a los clientes evaluar diversos aspectos de tu negocio.

Al realizar encuestas de satisfacción del cliente, puedes obtener comentarios y opiniones que te ayudarán a comprender cómo perciben tus clientes tu producto o servicio, el nivel de atención al cliente que reciben y su percepción de tu marca en general. Estos insights te brindarán una visión más clara de las áreas en las que estás cumpliendo las expectativas de tus clientes y aquellas en las que puedes mejorar.

Al diseñar una encuesta de satisfacción del cliente, es importante considerar la brevedad y la claridad de las preguntas. Asegúrate de incluir preguntas relevantes y enfocadas en los aspectos clave de tu negocio que deseas evaluar. También es recomendable incluir preguntas abiertas que permitan a los clientes proporcionar comentarios adicionales y sugerencias.

Una vez que hayas recopilado los datos de las encuestas, es fundamental analizarlos de manera sistemática. Identifica patrones, tendencias y áreas de mejora que surjan de los resultados. Esto te permitirá tomar medidas concretas para abordar las preocupaciones de los clientes y mejorar su experiencia en el futuro.

Además, ten en cuenta que la realización de encuestas de satisfacción del cliente de manera regular y consistente te proporcionará una visión a largo plazo de la evolución de la satisfacción del cliente. Esto te permitirá evaluar el impacto de las mejoras implementadas y medir el progreso en el tiempo.

Por ejemplo, una empresa podría preguntar: "En una escala del 1 al 10, ¿qué tan satisfecho está con nuestro producto en términos de calidad y rendimiento?".

El Índice Net Promoter Score (NPS) es una métrica ampliamente utilizada para medir la lealtad y satisfacción del cliente. Se basa en una pregunta simple: "En una escala del 0 al 10, ¿qué tan probable es que recomiendes nuestra empresa/producto a un amigo o colega?".

Los clientes se dividen en tres categorías según sus respuestas:

- Promotores: Son aquellos clientes que responden con un 9 o 10. Son considerados leales y altamente satisfechos. Es más probable que recomienden activamente tu empresa o producto a otros, lo que puede generar un crecimiento orgánico y aumentar la base de clientes.

4. Pasivos: Son aquellos clientes que responden con un 7 u 8. Estos clientes están satisfechos, pero no muestran un alto grado de lealtad. Es menos probable que realicen recomendaciones positivas de manera activa y pueden estar abiertos a considerar opciones de la competencia.

- Detractores: Son aquellos clientes que responden con un número del 0 al 6. Estos clientes están insatisfechos y tienen un alto riesgo de hablar negativamente sobre tu empresa o producto. Sus opiniones y experiencias negativas pueden afectar la reputación de tu marca y generar una disminución de la base de clientes.

El cálculo del NPS se realiza restando el porcentaje de detractores del porcentaje de promotores. El resultado puede variar de -100 a 100, donde un puntaje más alto indica una mayor lealtad y satisfacción del cliente.

El NPS es una métrica poderosa, ya que proporciona una medida rápida y fácil de la lealtad del cliente. Al realizar seguimientos periódicos del NPS, puedes evaluar el impacto de las mejoras en la experiencia del cliente y medir la evolución de la lealtad a lo largo del tiempo.

Además, el NPS también puede ayudarte a identificar áreas específicas en las que debes enfocarte para mejorar la satisfacción del cliente. Al recopilar comentarios y opiniones adicionales de los clientes detrás de sus respuestas numéricas, puedes obtener información adicional sobre los puntos fuertes y áreas de mejora de tu empresa o producto.

El Índice Net Promoter Score (NPS) es una métrica útil para medir la lealtad del cliente. Al utilizar esta métrica y comprender las categorías de promotores, pasivos y detractores, podrás identificar oportunidades para fomentar la satisfacción del cliente, generar recomendaciones positivas y fortalecer la relación con tus clientes.

Un ejemplo de pregunta para medir el NPS sería: "¿En una escala del 0 al 10, qué tan probable es que recomiende nuestros servicios a un amigo o colega?".

El Índice de Esfuerzo del Cliente (CES) es una métrica que evalúa la facilidad con la que los clientes pueden interactuar y resolver sus problemas con una empresa. Se basa en una pregunta clave: "En una escala del 0 al 10, ¿qué tan fácil te resultó resolver tu problema con nuestra empresa?".

El CES se centra en medir la cantidad de esfuerzo que un cliente debe realizar para obtener una solución a su problema. Un puntaje alto indica que el cliente percibe que tuvo que invertir mucho esfuerzo y enfrentó dificultades para resolver su problema, lo que puede afectar negativamente su experiencia y satisfacción.

Al utilizar el CES, puedes identificar oportunidades para reducir la fricción y simplificar los procesos de interacción con los clientes. Algunas estrategias para mejorar el CES incluyen:

• Simplificar los canales de contacto: Asegúrate de ofrecer múltiples canales de comunicación y que sean accesibles y fáciles de usar. Esto puede incluir opciones como chat en vivo, correo electrónico, teléfono y redes sociales.

• Optimizar los procesos de resolución de problemas: Evalúa tus procedimientos internos para identificar posibles puntos de fricción y simplificarlos. Esto puede implicar mejorar la capacitación de los agentes de servicio al cliente, utilizar herramientas de autoservicio o automatizar ciertos procesos.

• Mejorar la comunicación: Brinda información clara y concisa a los clientes en cada etapa del proceso de resolución de problemas. Mantén a los clientes informados sobre los tiempos de respuesta, los avances en la solución y cualquier acción adicional necesaria.

• Empoderar a los empleados: Capacita y empodera a tus empleados para tomar decisiones rápidas y resolver problemas de manera eficiente. Esto les permitirá brindar un servicio al cliente más ágil y reducir la necesidad de que los clientes realicen múltiples contactos para resolver un problema.

Al medir periódicamente el CES, puedes evaluar la efectividad de tus esfuerzos para simplificar la interacción con los clientes y resolver sus problemas. Además, recopilar comentarios adicionales y opiniones de los clientes puede proporcionar información valiosa sobre las áreas específicas que requieren mejoras.

El Índice de Esfuerzo del Cliente (CES) es una métrica que te ayuda a evaluar la dificultad percibida por los clientes al interactuar y resolver problemas con tu empresa. Al utilizar esta métrica y enfocarte en simplificar los procesos y mejorar la comunicación, puedes reducir el esfuerzo del cliente y mejorar su experiencia general.

Una pregunta para evaluar el CES podría ser: "En una escala del 1 al 10, ¿qué tan fácil fue resolver su problema con nuestro equipo de servicio al cliente?".

• Monitoreo en redes sociales: El seguimiento de las redes sociales puede ser utilizado para rastrear el sentimiento de los clientes e identificar posibles áreas de preocupación.
Por ejemplo, al analizar los comentarios y menciones en las redes sociales, una empresa puede identificar patrones y temas recurrentes en la experiencia del cliente.

• Analítica de sitios web: La analítica de sitios web permite rastrear el tráfico del sitio y determinar qué páginas son las más populares. Esta información puede utilizarse para mejorar la experiencia del cliente en el sitio web.

Por ejemplo, si se observa que una página en particular tiene altas tasas de abandono, la empresa puede investigar y realizar mejoras para facilitar la navegación y la finalización de las acciones deseadas por los clientes.

Es importante destacar que el método específico que una empresa utilice para medir la satisfacción del cliente dependerá de su tamaño, industria y base de clientes. Sin embargo, todas las empresas deben contar con un conjunto básico de métricas para medir la satisfacción del cliente.

Tomemos como ejemplo a Amazon, una empresa que ha implementado un programa de medición de la satisfacción del cliente. Amazon utiliza una variedad de métodos, como encuestas de satisfacción del cliente, NPS y CES. Además, emplea el monitoreo en redes sociales y la analítica de sitios web para rastrear el sentimiento de los clientes e identificar áreas de mejora. Amazon utiliza los datos de su programa de medición de la satisfacción del cliente para mejorar continuamente sus productos, servicios y experiencia del cliente.

Al analizar la implementación de un programa similar por parte de Amazon, podemos extraer valiosas lecciones:

• La medición de la satisfacción del cliente debe realizarse de forma regular para identificar tendencias y áreas de mejora.

• Es importante utilizar una variedad de métodos para obtener una imagen completa de cómo se sienten los clientes.

• Los datos recopilados a través de los programas de medición de la satisfacción del cliente deben utilizarse para realizar mejoras significativas en los productos, servicios y experiencia del cliente.

Al seguir estas lecciones, las empresas pueden crear programas de medición de la satisfacción del cliente que les ayuden a mejorar sus productos, servicios y experiencia del cliente de manera efectiva.

Aquí hay algunos consejos adicionales para medir la satisfacción del cliente:

• Asegúrate de que tus encuestas sean breves y fáciles de entender. Los clientes tienen más probabilidades de completar una encuesta si es corta y de fácil comprensión.

• Formula las preguntas correctas. Las preguntas de la encuesta deben ser relevantes para la experiencia del cliente.

• Realiza un seguimiento de los clientes que proporcionan comentarios negativos. Esto demuestra que estás interesado en su opinión y comprometido en mejorar tus productos o servicios.

• Utiliza los datos de las encuestas para implementar cambios. No te limites a recolectar datos y luego olvidarlos. Utiliza esos datos para realizar cambios en tus productos, servicios o experiencia del cliente.

Siguiendo estos consejos, las empresas podrán crear programas de medición de la satisfacción del cliente que sean efectivos y significativos para su negocio.

CAPÍTULO 7: UTILIZANDO LOS DATOS PARA MEJORAR LA EXPERIENCIA DEL CLIENTE

En el mundo actual, impulsado por los datos, las empresas tienen acceso a más información sobre sus clientes que nunca antes. Esta información puede ser utilizada para mejorar la experiencia del cliente de diversas formas.

Utilizar datos para personalizar la interacción con el cliente es una estrategia efectiva para mejorar su experiencia. Al comprender las necesidades y preferencias del cliente a través de los datos recopilados, es posible adaptar la interacción para satisfacer sus expectativas de manera más precisa. Por ejemplo, un minorista puede utilizar datos de compras anteriores y preferencias de productos para ofrecer recomendaciones personalizadas, lo que facilita al cliente encontrar productos de su interés.

Del mismo modo, un banco puede utilizar datos financieros y de comportamiento para brindar asesoramiento personalizado y soluciones que se ajusten a las metas y circunstancias del cliente. Esta personalización basada en datos no solo mejora la experiencia del cliente, sino que también fortalece la relación entre la empresa y el cliente, fomentando la fidelidad y la satisfacción a largo plazo.

Otra forma de aprovechar los datos para mejorar la experiencia del cliente es optimizar la eficiencia. Al utilizar los datos para identificar los problemas más comunes que enfrentan los clientes, es posible encontrar soluciones rápidas y sencillas. Por ejemplo, un equipo de atención al cliente puede analizar los datos para identificar las preguntas más frecuentes de los clientes y luego crear una base de conocimiento o una página de preguntas frecuentes que brinde respuestas completas y claras a esas consultas. Esto permite que los clientes encuentren rápidamente la información que necesitan sin tener que esperar por la asistencia de un agente.

Además, los datos también pueden revelar áreas problemáticas en los procesos internos de la empresa, lo que permite implementar mejoras y reducir los tiempos de respuesta. Al hacer que la experiencia del cliente sea más eficiente, se ahorra tiempo y se reduce la frustración, lo que contribuye a una experiencia más satisfactoria en general.

Los datos también desempeñan un papel crucial en la mejora de la experiencia del cliente al hacerla más conveniente. Al utilizar los datos para identificar los canales de comunicación preferidos por los clientes, se puede proporcionar un soporte más efectivo a través de esos canales.

Por ejemplo, una empresa puede utilizar los datos para descubrir que la mayoría de sus clientes prefiere comunicarse con el servicio al cliente a través de las redes sociales. En respuesta a esta información, la empresa puede asegurarse de tener una fuerte presencia en las redes sociales, con personal capacitado para brindar asistencia y responder rápidamente a las consultas de los clientes.

Esto hace que sea más conveniente para los clientes comunicarse con la empresa a través del canal que prefieren, lo que mejora su experiencia y fortalece su satisfacción. Al utilizar los datos para adaptarse a las preferencias del cliente, se fomenta una relación más sólida y se facilita el proceso de interacción, lo que contribuye a una experiencia general más satisfactoria.

Por último, los datos también pueden ser utilizados para mejorar la experiencia del cliente haciéndola más atractiva. Al comprender lo que motiva a los clientes, se pueden crear interacciones que sean tanto informativas como entretenidas. Por ejemplo, una empresa podría utilizar los datos para descubrir que a sus clientes les interesa estar al tanto de los nuevos productos y servicios.

En respuesta a esta información, la empresa podría crear un blog o un boletín informativo que brinde actualizaciones periódicas sobre las nuevas ofertas. Este contenido atractivo y relevante mantendría a los clientes informados y los mantendría interesados en la marca.

Además, podría incluir elementos interactivos, como encuestas o concursos, para aumentar la participación y hacer que la experiencia sea aún más atractiva. Al utilizar los datos para crear interacciones atractivas y significativas, se fortalece el compromiso del cliente y se mejora su experiencia en general. Esto también contribuye a generar una mayor lealtad y satisfacción en los clientes, lo que a su vez beneficia a la empresa.

Ejemplo de una empresa real que ha implementado un programa de experiencia del cliente basado en datos:

Netflix: Netflix utiliza los datos para personalizar la experiencia de transmisión para sus clientes. Por ejemplo, la empresa utiliza los datos para recomendar películas y programas de televisión que es probable que los clientes disfruten, y también utiliza los datos para mostrar a los clientes películas y programas de televisión que han calificado positivamente en el pasado.
Lecciones aprendidas de la implementación de Netflix de un programa de experiencia del cliente basado en datos:

Los datos son una herramienta poderosa para crear una experiencia del cliente más personalizada. Al utilizar los datos para comprender las necesidades y preferencias de los clientes, las empresas pueden adaptar sus interacciones de manera más precisa. Por ejemplo, al analizar los datos de compras anteriores de un cliente, una empresa puede ofrecer recomendaciones de productos que se ajusten a sus intereses y preferencias específicos.

Además, al recopilar información demográfica y de comportamiento, las empresas pueden segmentar a sus clientes y personalizar las comunicaciones y ofertas según los diferentes grupos.

Esto no solo hace que la experiencia sea más relevante para cada cliente, sino que también aumenta las posibilidades de satisfacer sus necesidades y superar sus expectativas. Al crear una experiencia del cliente más personalizada, las empresas pueden establecer conexiones más fuertes con sus clientes, fomentar la lealtad y mejorar la satisfacción general.

Los datos desempeñan un papel crucial en la mejora de la eficiencia de la experiencia del cliente. Al utilizar datos para identificar patrones y problemas comunes, las empresas pueden implementar soluciones eficientes y rápidas.

Por ejemplo, al analizar los datos de los clientes y detectar las consultas o problemas más frecuentes, una empresa puede desarrollar una base de conocimientos o una sección de preguntas frecuentes que proporcione respuestas y soluciones rápidas a los clientes. Esto ahorra tiempo tanto a los clientes como al equipo de servicio al cliente, evitando la necesidad de abordar cada consulta individualmente.

Además, al utilizar datos para optimizar los procesos internos, las empresas pueden agilizar la resolución de problemas y reducir los tiempos de espera. Por ejemplo, mediante la automatización de tareas repetitivas o la implementación de sistemas de seguimiento de problemas, se pueden reducir los pasos y el tiempo necesarios para resolver un problema del cliente. Esto crea una experiencia más eficiente y satisfactoria, donde los clientes pueden obtener respuestas y soluciones de manera rápida y sin complicaciones. Al mejorar la eficiencia de la experiencia del cliente, las empresas pueden aumentar la satisfacción del cliente y fortalecer su relación con ellos.

Los datos desempeñan un papel fundamental en la creación de una experiencia del cliente más conveniente. Al utilizar los datos para identificar los canales de comunicación preferidos por los clientes, las empresas pueden proporcionar soporte a través de esos canales, lo que facilita que los clientes obtengan la ayuda que necesitan de manera rápida y conveniente.

Por ejemplo, si los datos revelan que la mayoría de los clientes prefieren contactar al servicio al cliente a través de las redes sociales, la empresa puede asegurarse de tener una fuerte presencia en esas plataformas y ofrecer atención al cliente directamente a través de mensajes privados o comentarios. Esto permite a los clientes comunicarse con la empresa de la manera que les resulte más conveniente y familiar.

Además, los datos también pueden utilizarse para implementar herramientas de autoservicio, como portales en línea o chatbots, que brinden a los clientes la posibilidad de encontrar respuestas a sus preguntas o resolver problemas por sí mismos, sin tener que esperar a un agente de servicio al cliente.

Esto agiliza el proceso y ofrece conveniencia a los clientes, ya que pueden acceder a la ayuda que necesitan en cualquier momento y desde cualquier lugar. En resumen, al utilizar los datos para personalizar los canales de comunicación y ofrecer opciones de autoservicio, las empresas pueden hacer que la experiencia del cliente sea más conveniente y adaptada a sus preferencias individuales.

Los datos son una herramienta valiosa para hacer que la experiencia del cliente sea más atractiva. Al comprender lo que motiva a los clientes, las empresas pueden utilizar los datos para diseñar interacciones que sean tanto informativas como entretenidas. Por ejemplo, al analizar los datos de comportamiento del cliente, una empresa de comercio electrónico puede identificar los productos o categorías de interés para cada cliente y personalizar la experiencia de compra ofreciendo recomendaciones relevantes y promociones especiales.

Esto no solo proporciona información útil al cliente, sino que también crea una experiencia de compra más atractiva al ofrecer productos y ofertas que se adaptan a sus intereses individuales. Además, los datos también pueden utilizarse para implementar estrategias de marketing y contenido que sean atractivas para los clientes. Por ejemplo, una empresa puede utilizar los datos demográficos y de comportamiento del cliente para segmentar su audiencia y enviar mensajes personalizados que sean relevantes y atractivos para cada grupo.

Esto puede incluir el envío de contenido exclusivo, noticias relevantes o incluso la participación en programas de lealtad que ofrecen recompensas especiales. Al hacer que la interacción con la empresa sea atractiva y relevante, los clientes se sentirán más comprometidos y tendrán más probabilidades de regresar y seguir interactuando con la marca.

Al utilizar los datos para comprender las motivaciones de los clientes y crear interacciones que sean tanto informativas como entretenidas, las empresas pueden hacer que la experiencia del cliente sea más atractiva y aumentar la fidelidad y el compromiso del cliente. Esto se traduce en clientes satisfechos y dispuestos a regresar por más, lo que contribuye al crecimiento y éxito a largo plazo de la empresa.

Siguiendo estas lecciones, las empresas pueden crear un programa de experiencia del cliente basado en datos que conduzca a un mayor nivel de satisfacción, lealtad y ganancias.
Aquí hay algunos consejos adicionales para utilizar los datos y mejorar la experiencia del cliente:

Es fundamental asegurarse de tener los datos correctos para mejorar la experiencia del cliente. No todos los datos son iguales, y es importante recopilar y utilizar aquellos que sean relevantes para comprender mejor a tus clientes y alcanzar tus objetivos comerciales.

En primer lugar, debes definir claramente qué información necesitas para comprender a tus clientes y brindarles una experiencia satisfactoria. Esto implica identificar las métricas clave y los indicadores de rendimiento que te ayudarán a medir el éxito de tus estrategias de experiencia del cliente. Por ejemplo, puedes recopilar datos demográficos, preferencias de compra, historial de interacciones y retroalimentación de los clientes para obtener una imagen completa de quiénes son tus clientes y qué esperan de ti.

Además, debes asegurarte de que los datos que recopiles sean precisos y confiables. Esto implica utilizar fuentes de datos confiables y aplicar métodos adecuados de recopilación y almacenamiento de datos. Es esencial cumplir con las regulaciones de privacidad y protección de datos para garantizar que los datos de tus clientes estén seguros y se utilicen de manera ética.

Una vez que tengas los datos correctos, es importante analizarlos e interpretarlos correctamente. Esto implica utilizar herramientas y técnicas de análisis de datos para obtener información significativa y tomar decisiones informadas. Puedes utilizar técnicas como el análisis de tendencias, la segmentación de clientes y la correlación de datos para identificar patrones y oportunidades de mejora en la experiencia del cliente.

Para utilizar los datos de manera efectiva, es importante contar con las herramientas adecuadas. Existen numerosas herramientas disponibles en el mercado que pueden ayudarte a recopilar, analizar y visualizar los datos de tus clientes. Al elegir las herramientas adecuadas, podrás optimizar tu capacidad para comprender y mejorar la experiencia del cliente.

En primer lugar, es importante seleccionar una herramienta de gestión de relaciones con el cliente (CRM, por sus siglas en inglés) que se ajuste a tus necesidades. Un CRM te permite recopilar y organizar los datos de los clientes, realizar un seguimiento de las interacciones y gestionar la relación con ellos. Hay diversas opciones en el mercado, desde soluciones básicas hasta plataformas más avanzadas con funciones de automatización y análisis.

Además del CRM, es recomendable utilizar herramientas de análisis de datos que te permitan examinar y comprender los datos recopilados. Estas herramientas pueden ayudarte a identificar patrones, tendencias y áreas de oportunidad en la experiencia del cliente. Puedes utilizar software de análisis de datos, herramientas de visualización de datos y técnicas estadísticas para obtener información valiosa sobre tus clientes y su comportamiento.

Asimismo, es importante considerar el uso de herramientas de automatización de marketing y personalización. Estas herramientas te permiten automatizar y personalizar las interacciones con los clientes en función de los datos recopilados. Puedes enviar correos electrónicos personalizados, mensajes en redes sociales y recomendaciones de productos basados en las preferencias y el historial de compra de tus clientes.

Involucrar a tu equipo es fundamental para lograr una experiencia del cliente basada en datos exitosa. No puedes llevar a cabo este proceso por tu cuenta, es necesario contar con el compromiso y la participación de todo tu equipo. Aquí te presento algunas formas de involucrar a tu equipo en el proceso:

- •Comunicación clara: Asegúrate de comunicar de manera clara y efectiva la importancia de la experiencia del cliente basada en datos. Explica cómo los datos pueden ayudar a comprender mejor a los clientes y mejorar su satisfacción. Fomenta la apertura y la transparencia en las conversaciones relacionadas con los datos y cómo se utilizarán para impulsar la toma de decisiones.

5. Capacitación y formación: Proporciona capacitación y formación a tu equipo sobre cómo utilizar los datos para mejorar la experiencia del cliente. Enséñales cómo recopilar, analizar e interpretar los datos relevantes. Proporciona recursos y herramientas que les permitan comprender y aprovechar al máximo los datos.

• Establecimiento de metas: Establece metas claras y medibles relacionadas con la experiencia del cliente basada en datos. Asegúrate de que todos en tu equipo comprendan las metas y sepan cómo contribuir a su logro. Fomenta la colaboración y la responsabilidad compartida para alcanzar esas metas.

• Retroalimentación regular: Realiza reuniones periódicas para revisar y discutir los datos y las métricas relacionadas con la experiencia del cliente. Fomenta la participación activa de tu equipo, animándolos a compartir sus ideas y observaciones basadas en los datos. Utiliza esta retroalimentación para realizar ajustes y mejoras continuas en tu estrategia.

• Reconocimiento y recompensas: Reconoce y recompensa a tu equipo por su contribución al éxito de la experiencia del cliente basada en datos. Celebra los logros y reconoce los esfuerzos individuales y colectivos para motivar a tu equipo a seguir comprometido y enfocado en los objetivos.

Involucrar a tu equipo en el proceso de experiencia del cliente basada en datos no solo fortalecerá la eficacia de tus iniciativas, sino que también fomentará un sentido de pertenencia y colaboración dentro de tu organización. Al trabajar juntos, podrán impulsar mejoras significativas en la experiencia del cliente y alcanzar el éxito empresarial.

Tener paciencia es clave al construir un programa de experiencia del cliente basado en datos. Es importante entender que los resultados no llegarán de inmediato, ya que este proceso requiere tiempo y dedicación. Aquí te presento algunas consideraciones para mantener la paciencia en el camino:

• Enfoque a largo plazo: Mantén una mentalidad a largo plazo y comprende que construir una experiencia del cliente basada en datos es un proceso continuo. No esperes resultados inmediatos, sino que trabaja de manera constante y consistente para recopilar y analizar los datos, y realizar mejoras basadas en ellos.

• Aprendizaje constante: Reconoce que cada interacción con los clientes y cada dato recopilado te brinda una oportunidad de aprendizaje. Aprovecha estos conocimientos para ajustar tu enfoque y realizar cambios que mejoren la experiencia del cliente. Recuerda que cada paso cuenta y te acerca más a tus objetivos.

• Iteración y mejora continua: No temas ajustar tu enfoque a medida que avanzas. A medida que recopiles más datos y obtengas más información, es probable que debas realizar ajustes y mejoras en tu estrategia. La capacidad de adaptarte y evolucionar en base a los datos te permitirá construir una experiencia del cliente más sólida y efectiva.

• Celebración de logros pequeños: Reconoce y celebra los logros y avances, incluso si son pequeños. Cada paso hacia adelante es motivo de celebración, ya que demuestra que estás avanzando en la dirección correcta. Esto también ayudará a mantener la motivación y el impulso de tu equipo.

• Mantén el enfoque en los clientes: Recuerda siempre que el objetivo principal de tu programa de experiencia del cliente basado en datos es mejorar la satisfacción y lealtad de los clientes. Mantén el enfoque en ellos y en su experiencia, y mantén presente que cada esfuerzo que realices está destinado a beneficiarlos.

Al tener paciencia y mantener un enfoque constante en la mejora continua, podrás construir un programa de experiencia del cliente basado en datos sólido y efectivo. Los resultados llegarán con el tiempo, y cada paso que tomes te acercará más a brindar una experiencia excepcional a tus clientes.

Siguiendo estos consejos, las empresas podrán crear un programa de experiencia del cliente basado en datos que sea efectivo y significativo para su negocio.

CAPÍTULO 8: CÓMO TRIUNFAR EN LA ERA DE LA EXPERIENCIA

En el mercado altamente competitivo de hoy en día, los negocios que tienen éxito son aquellos que brindan una excelente experiencia al cliente. Esto implica ir más allá para satisfacer las necesidades de tus clientes y asegurarte de que tengan una experiencia positiva con tu marca.

Hay varias cosas que puedes hacer para triunfar en la era de la experiencia. Aquí tienes algunos consejos:
Coloca al cliente en primer lugar. Esto significa tomar decisiones teniendo siempre al cliente en mente. También implica escuchar los comentarios de los clientes y utilizarlos para mejorar tus productos y servicios.

Personaliza la experiencia del cliente. Esto implica utilizar datos para comprender las necesidades y preferencias de tus clientes, y luego adaptar tus interacciones a ellos. Puedes personalizar la experiencia del cliente a través de diferentes canales, como correo electrónico, redes sociales e interacciones en la tienda.
Facilita a los clientes hacer negocios contigo. Esto implica proporcionar información clara y concisa, ofrecer múltiples canales de soporte al cliente y resolver los problemas del cliente de manera rápida y eficiente.

Superar las expectativas de los clientes implica ir más allá de lo que se espera y ofrecer un valor adicional. Esto puede manifestarse de diferentes maneras, como:

•Servicio excepcional: Brindar un servicio al cliente excepcional es una forma efectiva de superar las expectativas. Por ejemplo, una empresa de servicios de telecomunicaciones podría ofrecer asistencia técnica las 24 horas del día, los 7 días de la semana, para resolver cualquier problema que los clientes puedan tener con sus servicios.

6. Regalos sorpresa: Ofrecer regalos inesperados a los clientes es una excelente manera de superar sus expectativas. Por ejemplo, una agencia de viajes podría sorprender a sus clientes con un upgrade de habitación gratuito en su hotel o proporcionarles un pequeño obsequio relacionado con su destino de viaje.

• Programas de lealtad generosos: Los programas de lealtad bien diseñados pueden superar las expectativas de los clientes al recompensar su fidelidad. Por ejemplo, una aerolínea podría ofrecer actualizaciones gratuitas a sus clientes frecuentes o permitirles acceder a salas VIP en los aeropuertos.

• Personalización de productos o servicios: Adaptar los productos o servicios a las necesidades individuales de los clientes es otra forma efectiva de superar sus expectativas. Por ejemplo, una empresa de alimentos a domicilio podría permitir a los clientes personalizar sus pedidos, eligiendo los ingredientes que desean incluir o excluir en sus comidas.

•

Ejemplos reales de empresas que han superado las expectativas de los clientes incluyen:

• Ritz-Carlton: Esta cadena hotelera es conocida por su servicio excepcional. Los empleados están capacitados para anticipar las necesidades de los huéspedes y brindarles una experiencia de lujo personalizada.

• Apple: La empresa tecnológica Apple es reconocida por su servicio al cliente de alta calidad. Ofrecen asistencia técnica experta, garantías extendidas y programas de actualización de productos que superan las expectativas de los clientes.

• Amazon Prime: El servicio de suscripción de Amazon Prime ofrece beneficios adicionales a sus clientes, como envío gratuito en muchos productos, acceso a contenido de transmisión y descuentos exclusivos. Estos beneficios sorprenden y deleitan a los clientes, superando así sus expectativas.

Estos ejemplos demuestran cómo las empresas pueden superar las expectativas de los clientes al brindar un servicio excepcional, ofrecer regalos inesperados, implementar programas de lealtad generosos y personalizar productos o servicios según las necesidades individuales de los clientes.

Utilizar la tecnología a tu favor es fundamental para mejorar la experiencia del cliente. Existen diversas tecnologías que pueden ser de gran ayuda en este sentido:

• Chatbots: Los chatbots son programas de inteligencia artificial diseñados para interactuar con los clientes de manera automatizada. Pueden proporcionar respuestas rápidas a preguntas frecuentes, ayudar en la navegación de un sitio web o incluso realizar transacciones básicas. Los chatbots son especialmente útiles para brindar soporte inmediato y resolver consultas de manera eficiente.

• Inteligencia artificial (IA): La IA tiene el potencial de revolucionar la experiencia del cliente al permitir la personalización y la automatización de procesos. La IA puede analizar grandes cantidades de datos para comprender las preferencias individuales de los clientes y ofrecer recomendaciones más precisas. Además, puede optimizar los procesos internos de una empresa, lo que se traduce en una experiencia más eficiente para el cliente.

• Análisis de datos: El análisis de datos es una herramienta poderosa para comprender el comportamiento de los clientes y tomar decisiones basadas en información concreta. Mediante el análisis de datos, las empresas pueden identificar patrones, tendencias y oportunidades de mejora en la experiencia del cliente. Esto les permite personalizar las interacciones, anticipar las necesidades de los clientes y brindar un servicio más satisfactorio.

• Automatización de marketing: La automatización de marketing permite enviar mensajes personalizados y relevantes en el momento adecuado. A través de herramientas de automatización, las empresas pueden segmentar a sus clientes, enviar correos electrónicos personalizados, realizar seguimiento de las interacciones y medir los resultados. Esto contribuye a una experiencia más personalizada y efectiva para el cliente.

Ejemplos de cómo utilizar la tecnología para mejorar la experiencia del cliente incluyen:

• Uso de chatbots en el sitio web de una tienda en línea para brindar asistencia instantánea a los clientes durante su proceso de compra.

• Implementación de sistemas de IA que analizan el historial de compras y las preferencias de los clientes para ofrecer recomendaciones personalizadas de productos o servicios.

• Utilización de herramientas de análisis de datos para identificar patrones en el comportamiento de los clientes y adaptar las estrategias de marketing en consecuencia.

• Automatización de correos electrónicos de seguimiento para enviar mensajes de agradecimiento, recordatorios o promociones especiales a los clientes.

Estas son solo algunas formas en las que la tecnología puede ser utilizada para mejorar la experiencia del cliente. Al aprovechar estas herramientas de manera efectiva, las empresas pueden brindar un servicio más eficiente, personalizado y satisfactorio para sus clientes.

Empoderar a tus empleados es fundamental para mejorar la experiencia del cliente. Al darles el poder de tomar decisiones y resolver problemas de manera ágil, demuestras a tus clientes que valoras su tiempo y que estás comprometido con brindarles una experiencia excelente.

Cuando tus empleados se sienten capacitados y confiados para tomar decisiones, pueden resolver problemas de manera más eficiente y efectiva. Esto significa que no tendrán que esperar aprobación o consultar con superiores en cada situación, lo que agiliza el proceso de atención al cliente.

Además, empoderar a tus empleados les muestra que confías en su juicio y habilidades, lo cual aumenta su satisfacción laboral y los motiva a ofrecer un mejor servicio al cliente. Al tener la capacidad de resolver problemas de manera rápida y sencilla, tus empleados pueden crear experiencias positivas para los clientes, lo que a su vez fomenta la fidelidad y la recomendación de tu empresa.

Algunas formas de empoderar a tus empleados incluyen:

• Proporcionar capacitación adecuada: Brinda a tus empleados la capacitación necesaria para que adquieran los conocimientos y habilidades para tomar decisiones informadas y resolver problemas del cliente de manera eficiente.

• Establecer directrices claras: Define los límites y las pautas dentro de los cuales tus empleados pueden tomar decisiones. Esto les brinda una guía clara y les permite actuar con confianza, sabiendo que están tomando decisiones alineadas con los objetivos y valores de la empresa.

• Fomentar la comunicación abierta: Crea un ambiente de trabajo donde tus empleados se sientan cómodos compartiendo ideas y sugerencias. Fomenta la colaboración y la comunicación abierta, de modo que tus empleados puedan discutir y resolver problemas en equipo.

• Reconocer y recompensar el buen desempeño: Reconoce y celebra a aquellos empleados que demuestren iniciativa y resuelvan problemas de manera efectiva. Establece programas de reconocimiento y recompensas que incentiven el empoderamiento y el compromiso con la experiencia del cliente.

Ejemplo práctico: Imagina que un cliente tiene un problema con un producto y se acerca a uno de tus empleados para resolverlo. Si tus empleados están empoderados, pueden tomar decisiones por sí mismos, como ofrecer un reembolso o un reemplazo sin tener que esperar la aprobación de un gerente. Esto no solo resuelve rápidamente el problema del cliente, sino que también muestra al cliente que tus empleados están capacitados para tomar decisiones y brindar una experiencia satisfactoria.

Mide tus resultados. Realiza un seguimiento de las métricas de satisfacción y lealtad del cliente para que puedas ver qué funciona y qué no. Esto te ayudará a realizar mejoras en la experiencia del cliente con el tiempo.
Siguiendo estos consejos, puedes crear una experiencia del cliente que te diferencie de la competencia y conduzca a un aumento en las ventas y ganancias.
Aquí tienes algunos consejos adicionales para triunfar en la era de la experiencia:

Sé consistente. Los clientes esperan un cierto nivel de servicio de las empresas, por lo que es importante ser consistente en la experiencia del cliente en todos los canales. Esto significa brindar el mismo nivel de servicio, ya sea que los clientes interactúen contigo en persona, por teléfono o en línea.

Sé transparente. Los clientes valoran a las empresas que son transparentes acerca de sus políticas y procedimientos. Esto implica ser claro sobre aspectos como precios, envío y políticas de devolución.

Sé proactivo. No esperes a que los clientes se acerquen a ti con problemas. En su lugar, sé proactivo y comunícate con los clientes para ver cómo puedes ayudarles. Esto demuestra que te preocupas por su experiencia y que estás comprometido a brindar un excelente servicio al cliente.

Sé social. Las redes sociales son una excelente manera de conectarse con los clientes y construir relaciones. Asegúrate de ser activo en las redes sociales y de responder a los comentarios y preguntas de los clientes de manera oportuna.

Sé creativo. No hay reglas estrictas cuando se trata de la experiencia del cliente. La mejor manera de triunfar es ser creativo y pensar de manera innovadora. Encuentra formas nuevas e

innovadoras de sorprender a tus clientes y hacer que su experiencia
con tu marca sea inolvidable.

ACERCA DEL AUTOR

Dante Dardón es un reconocido experto en servicio al cliente con una amplia experiencia en diversas industrias. Ha dedicado su carrera profesional a perfeccionar las estrategias y prácticas que brindan experiencias excepcionales a los clientes.

Con una trayectoria destacada en empresas líderes, Dante ha dejado su huella en organizaciones como Apple, City Bank y South West Airlines. Durante su tiempo en estas compañías, ha desempeñado roles clave, tanto en la implementación como en la prueba de estrategias innovadoras para mejorar la calidad del servicio al cliente.

En Apple, Dante se destacó por su habilidad para personalizar las interacciones con los clientes, utilizando datos y análisis para ofrecer soluciones individualizadas. Su enfoque centrado en el cliente y su pasión por la excelencia le permitieron establecer estándares más altos en la industria tecnológica.

Posteriormente, Dante se unió a City Bank, donde se especializó en la optimización de procesos y la eficiencia operativa. Implementó herramientas tecnológicas avanzadas y estrategias innovadoras para agilizar la resolución de problemas y mejorar la experiencia del cliente en el sector financiero.

Su siguiente desafío lo llevó a South West Airlines, una reconocida aerolínea conocida por su enfoque en el servicio al cliente. Dante trabajó en estrecha colaboración con el equipo de atención al cliente para desarrollar programas de capacitación que empoderaron a los empleados y les permitieron brindar un servicio excepcional incluso en situaciones desafiantes.

La reputación de Dante como experto en servicio al cliente ha sido forjada a través de su experiencia práctica en estas renombradas empresas. Su dedicación y pasión por crear experiencias memorables han dejado una huella en cada organización en la que ha trabajado.

Dante Dardón es un referente en la industria del servicio al cliente, reconocido por su capacidad para implementar estrategias efectivas y generar resultados tangibles. Su experiencia diversa y su enfoque orientado al cliente lo convierten en un líder inspirador y en un defensor incansable de la excelencia en el servicio.